国家社会科学基金项目（批准号18BGL102）研究成果

# 大数据驱动的C2B 供应链客户知识融合 创新机制研究

## Research on the Innovation Mechanism of Customer Knowledge Integration in C2B Supply Chain Driven by Big Data

沈娜利　著

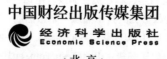

中国财经出版传媒集团

经济科学出版社
Economic Science Press

·北京·

**图书在版编目（CIP）数据**

大数据驱动的 C2B 供应链客户知识融合创新机制研究/
沈娜利著 . -- 北京：经济科学出版社，2024.3
ISBN 978 - 7 - 5218 - 5684 - 2

Ⅰ.①大… Ⅱ.①沈… Ⅲ.①电子商务 - 供应链管理
- 研究 Ⅳ.①F713.36②F252.1

中国国家版本馆 CIP 数据核字（2024）第 057051 号

责任编辑：李晓杰
责任校对：蒋子明
责任印制：张佳裕

**大数据驱动的 C2B 供应链客户知识融合创新机制研究**
DASHUJU QUDONG DE C2B GONGYINGLIAN KEHU
ZHISHI RONGHE CHUANGXIN JIZHI YANJIU
沈娜利　著
经济科学出版社出版、发行　新华书店经销
社址：北京市海淀区阜成路甲 28 号　邮编：100142
教材分社电话：010 - 88191645　发行部电话：010 - 88191522
网址：www.esp.com.cn
电子邮箱：lxj8623160@163.com
天猫网店：经济科学出版社旗舰店
网址：http://jjkxcbs.tmall.com
北京季蜂印刷有限公司印装
710×1000　16 开　11.5 印张　210000 字
2024 年 3 月第 1 版　2024 年 3 月第 1 次印刷
ISBN 978 - 7 - 5218 - 5684 - 2　定价：46.00 元
（图书出现印装问题，本社负责调换。电话：010 - 88191545）
（版权所有　侵权必究　打击盗版　举报热线：010 - 88191661
QQ：2242791300　营销中心电话：010 - 88191537
电子邮箱：dbts@esp.com.cn）

# 前　言

随着数据成为新型的生产要素，它逐渐融入生产、分配、流通、消费等各个环节，对既有的生产方式产生了深刻影响。从供应链客户知识管理视角来看，客户数据融入供应链全节点、全流程对于满足日益增长的个性化、多样化的消费需求，实现供给侧高质量发展至关重要。

然而，客户数据的碎片化、分散化使创新依托的供应链节点间的数据和知识整合变得困难，同时，供应链不同节点企业之间存在组织边界的障碍、相互独立的流程和难以融合的利益诉求也导致客户大数据在供应链不同节点之间形成数据"孤岛"。这严重阻碍了供应链知识融合创新的实现。因此，本书从供应链知识管理视角出发，首先厘清大数据驱动背景下C2B供应链的概念、特点以及与传统供应链的差异，并进一步分析大数据驱动的C2B供应链客户知识融合创新的驱动要素与影响因素，其中包括技术、政策、市场竞争和消费者变化等驱动要素，以及供应链知识网络结构、协同创新环境、大数据获取与分析能力、客户知识协同能力和客户知识创新能力等影响因素。其次，本书在分析客户知识的来源、分布和作用，以及跨组织、跨职能的客户知识融合过程的基础上，通过企业调研数据，构建结构方程模型，研究了大数据驱动的C2B供应链客户知识融合创新路径。再次，为解决组织之间的边界障碍和利益诉求引起的客户知识难以融合的问题，本书从激励机制设计和合作协调策略两个方面进行了组织设计的探讨。一方面，基于委托代理理论，构建数理模型研究了大数据驱动下的C2B供应链客户知识融合创新激励机制，揭示了作为供应链核心企业，仅仅依靠先进的大数据管理系统并不能实现客户知识的融合创新，还需要设计合理的激励机制；另一方面，在分析知识融合创新合作双方的知识特点、能力、角色、行为选择的基础上，构建三种不同协同程度的决策模型，对大数据驱动的 C2B 供应链客户知识融合创新过程中，上游技术、专业知识和能力优势方与下游客户知识、能力优势方之间的客户知识融合创新协调策略进行了研究。最后，本书对大数据驱动的 C2B 供应链客户知识融合创新机制进行了内在逻辑关联分析和对策推演，并提出了以客户为中心、以数据为驱动、以创新为导向的大数据驱动下 C2B 供应链客户知识融合创新机制总体设计思路和实施策略，并给予政策启示和对未来进行展望分析。

本书是国家社会科学基金项目"大数据驱动的 C2B 供应链客户知识融合创新机制研究"（项目编号：18BGL102）的研究成果。在此，感谢国家社会科学基金项目的资助。在课题研究中，课题组还得到了学术界和企业界的大力支持和协作，在此一并表示深深的感谢！

在课题的研究过程中，重庆大学的张旭梅教授、但斌教授，西南政法大学的张燚教授、韩炜教授为本书的研究提供了诸多有益的指导，还有重庆大学的肖剑，河海大学的李光明，重庆理工大学的宋寒，西南政法大学的徐鹏、伏红勇、王琦、王磊等也为本书做出了贡献，在此，对他们表示由衷的感谢！

由于作者水平有限，书中难免存在缺点、错误，殷切希望读者不吝指正，在此谨致感谢！

沈娜利

2023 年 6 月

# 目 录
*Contents*

# 第1章

# 绪　　论

## 1.1　大数据驱动供应链变革

我们要了解大数据如何变革供应链，首先就要了解什么是大数据，大数据如何影响供应链，以及大数据如何驱动供应链管理的变革。

### 1.1.1　大数据与大数据分析

1. 大数据的概念

尽管"大数据"一词在今天无处不在，究其概念，可以追溯到20世纪90年代中期。迪博尔德（Diebold，2012）指出，"大数据……可能起源于20世纪90年代中期美国硅图公司（Silicon Graphics Inc.，SGI）午餐桌上的谈话"。虽然"大数据"一词在20世纪90年代中期最早出现，但直到2010年并没有大量的文献研究和报告，直到2011年，该术语才得到广泛的关注，且关注量呈指数级增长。2011年11月，有关大数据的主题在谷歌被搜索的次数达到252000次（Morris，2013），2015年达到801000000次（Mishra et al.，2016a）。谷歌、亚马逊、微软、EMC、甲骨文、IBM和Facebook等行业和政府部门开展了许多大数据计划（Cukier 2010；Mayer – Schönberger & Cukier，2013；Gandomi & Haider，2015；Mishra et al.，2016a，2016b）。

大数据不仅在企业界盛行，国家和政府也对大数据予以了高度重视。美国政府 2012 年就发布了《大数据研究与发展倡议》，2019 年发布了《联邦数据战略与 2020 年行动计划》；英国 2020 年也发布了《国家数据战略》；德国、日本等主要发达国家也先后发布了有关大数据的发展计划和战略。我国 2015 年印发了《促进大数据发展行动纲要》，明确大数据是"国家基础性战略资源"。习近平总书记在 2017 年中共中央政治局第二次集体学习时强调："要构建以数据为关键要素的数字经济。"① 2021 年，国家"十四五"规划提出要"激活数据要素潜能"，促进大数据产业健康发展。在互联网背景下，中国企业数字化进程加快，各行各业的多样化数据迅速累积并形成大数据，进而形成大数据要素市场。自 2017 年开始，中国管理科学学会大数据管理专委会、国务院发展研究中心产业互联网课题组每年出版的《中国大数据应用发展报告》展示了我国近年对大数据的应用。2019 年，中国电子信息产业发展研究院出版了《中国大数据发展水平评估蓝皮书（2019）》，点评了全国 31 个省份发展大数据的情况。由此可见，大数据已得到各界人士的超前关注，也在从概念到理论再到现实应用的过程中不断发展，为了进一步研究大数据的理论和应用，我们有必要回顾一下大数据的概念。

"大数据"一词首先被定义为超出了传统数据管理工具有效获取、存储、管理和处理能力的庞大而复杂的数据集（Hu et al.，2014；Manyika et al.，2011）。2013 年舍恩伯格和库克耶（Mayer – Schönberger & Cukier，2013）也指出"大数据没有严格的定义"，但三个"V"被普遍用来认识大数据及其特点。三个"V"分别指 Volume、Velocity 和 Variety，即数量大、类型多和速率高。此外，价值、可变性和真实性也被认为是大数据的特征（Gandomi & Haider 2015；White，2012），是大数据的第四个"V"（Mishra et al.，2016a）。由于真实性、可变性与价值密切相关，数据源的可信程度、数据质量和重要性以及数据的变化意味着是否可以从中挖掘价值，以及从中能够挖掘多大的价值。因此，我们将这两个特点归纳到价值中。然而，大数据的价值并不是只要获得数据就获得了价值，而且由于数据的大数量、多样化及速率高使大数据的价值密度具有较低的新特征，其价值需要通过数据分析挖掘出来。因此，价值性实质上为价值的可挖掘性，基于前人研究的基础，本书将"价值"归纳为"可挖掘价值高"，作为大数据的第四

---

① 新华社. 习近平主持中共中央政治局第二次集体学习并讲话［Z］. 2017 – 12 – 09，中国政府网 https：//www. gov. cn/xinwen/2017 – 12/09/content_5245520. htm.

个"V"。大数据的特征如图1.1所示。

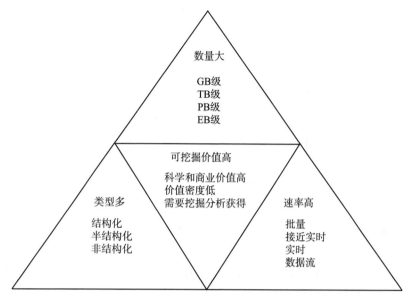

**图1.1 大数据的4"V"特征**

数量大，反映了数据的规模以秒计地急剧增大，数据量的大小从 GB 到 TB、PB 再到 EB 级，而公司则可能在单个数据集中就需要处理 PB 级数据。例如，据估计，沃尔玛每小时收集的客户交易数据就超过了 2.5 PB（McAfee & Brynjolfsson，2012）。

类型多，体现了大数据的多样性，指数据集中数据结构的异质性（Gandomi & Haider，2015）。从数据的来源和格式生成的维度来划分，大数据主要划分为结构化、半结构化和非结构化三大类型（Russom，2011a，2011b；Wamba et al.，2015）。其中，结构化数据是指传统管理工具可以处理的电子表格中可用表格数据。例如，企业资源计划（ERP）、企业制造资源系统（MRP）、客户关系管理系统（ERP）、POS 交易系统、公司财务报表系统等是公司与供货商、员工、产品、客户等发生关联的有序数据。结构化数据具有排列整齐、一致性、便于存储在电子表格和数据库表等特点，但它的体量仅占所有现有数据的 5%（Cukier，2010）。非结构化数据，则是指文本、图片、音频、视频等非关系型、规模巨大、无序、不容易以传统数据表记录储存的数据。半结构化数据是具有结构化数据特征和非结构化数据特征的统一体，例如 E - mail、用于因特网上交换数据的可扩展标记语言（XML）、电子数据交换 EDI 等。这些非结构化数据构成了大数据的主要内容。

速率高，是指"数据生成的速度以及分析数据和采取行动的速度"成批量、实时或接近实时以数据流的形式高速率产生（Gandomi & Haider，2015）。显然，由于数字化的迅速发展，数据也以惊人的速度生成，这催生了人们对实时数据分析和基于证据的规划的需求。然而，传统数据管理系统难以处理大型数据集，发展大数据技术成为迫切需求，用以帮助企业将大量易变成冗余的数据生成实时情报（Gandomi & Haider，2015）。

可挖掘价值高，是指大数据具有价值，但由于其数量巨大、实时产生和类型多样使它的价值呈低密度分布，人们很难像分析结构化数据那样轻易获得其中的高价值，但可以通过专业、复杂的大数据技术分析获取结构化数据来获得高价值。大数据为半结构化、非结构化数据，来源多样，且数量巨大，这时，就需要连接、匹配、清理和转换从这些来源接收的数据（Gandomi & Haider，2015），并将其变成质量可靠的数据，再加以分析形成有意义的内容。例如，Tesco 公司分析了温度与天气相关的大数据，从而发现温度与消费者需求之间的关联关系，进而提高了运营利润率（Mishra et al.，2016a）。

显然，大数据的第四个特征，可挖掘价值高与大数据应用关联昭示了大数据只有通过分析才能凸显其高价值。

2. 大数据分析

利用大数据分析法可以将大数据转换成高价值的商业信息（情报）或知识。企业利用这些信息、知识了解过去，预测未来，不断进行创新，从而获得竞争优势。

大数据的大规模、多类型使原本不能识别出来的细节和联系得以识别。例如，相较于以焦点访谈与调查等传统市场调研方法预测顾客需求，运用聚类粒度分析细分市场和目标群体使企业能够比以前更加了解客户与市场。这使企业不再依赖于经验和直觉，而是直接求助于大数据分析结果，实现精准需求预测，从而改变销售方式，也改变了整个供应链的运作方式。

大数据分析通过数据标签，数据训练，建立数据模型和规则，识别异常值和不规范数据，从而提前识别或预防风险。例如，UPS 公司利用传感器获取车辆性能的数据来监测车辆的异常变化，对故障发出提前预警，并进行预防性维修，以免故障发生时导致更大的损失。

大数据分析中的关联规则挖掘、协同过滤让企业深入了解事物之间的关联，从而更好地进行相关度分析、因果检验等。例如，通过分析商品销售记录中的相关性，以指导营销策略的制定。例如，45% 的购买了 A 产品的顾客都会购买 B 产品，那么基于这个关联规则，商家就可以将两种产品放在一起，或者捆绑销售来提高整体销售额。协同过滤则表现为个性化推荐，例如，当当网"购买了这本书的顾客也购买了……"类似的应用已经在大购物平台常见。

大数据分析方法和技术的不断发展驱动企业向大数据分析企业转型，企业可以通过大数据分析更好地了解消费者的需求，设计符合各类人群个性化需求的产品或服务，以消费者期待的物流速度传递商品和服务，并在这个过程中实现不同层面的创新，如产品或服务的创新、流程的创新、商业模式的创新等。大数据和大数据分析驱动企业数字化转型，大数据成为数字化转型的基础。但在实践中，很多企业仅仅是建立一个传统的信息管理系统，或开个网站便认为是数字化，显然，这并不是真正的数字化，因此自然也起不到数字化的效果，结果是认知不正确导致对数字化的误解。真正的数字化必然包含大数据和大数据分析，其中，大数据分析技术及对决策的支撑是重点。

人工智能（AI）技术的发展进一步促进了大数据技术的分析。人工智能以大数据作为输入和支撑。大数据提供了丰富和多样的信息，以帮助人工智能系统学习、理解和解决复杂的问题。例如，机器学习、深度学习等人工智能技术都需要大量的数据来训练模型和优化算法。而大数据可以通过人工智能技术输出价值。人工智能提供了高效和有效的方法，帮助大数据系统分析、挖掘和利用数据。例如，计算机视觉、自然语言处理等人工智能技术可以从大数据中提取有用的知识。人工智能和大数据二者相互促进和发展，且随着人工智能技术的进步和发展，大数据的应用场景和价值也不断扩展和提升；随着大数据规模的增长和质量的提升，人工智能的性能和创新也不断得到提高和突破。

因此，拥有大数据依然不足以构建企业竞争优势，只有通过大数据分析获得高价值的信息、知识，支持企业决策，才能将数据的价值真正体现出来，才能使企业最终获得竞争优势。

## 1.1.2 大数据驱动供应链变革

### 1. 大数据提升供应链竞争优势

大数据提升供应链竞争优势。麦肯锡公司指出，大数据是创新、竞争和生产力的下一个前沿。而 21 世纪的竞争不再被认为是公司之间的竞争，而是整个供应链之间的竞争（Christopher et al.，2004），这使管理者不得不重新思考和制定他们的竞争战略（Zacharia et al.，2011）。大数据的出现、大数据技术的不断提升使供应链经理将目光投向了供应链大数据（Hopkins et al.，2010），他们试图利用充斥在供应链网络中的大数据来优化供应链，以降低成本，提高绩效，从而形成竞争优势。典型的大数据公司如谷歌、亚马逊、阿里巴巴等通过不断创新商业模式超越了竞争对手。巴顿和考特（Barton & Court，2012）指出，采用大数据驱动战略是差异化竞争的重点，公司可以通过大数据应用改变它们业务开展的模式，并获得类似于20世纪90年代公司重新设计核心流程的创新带来的绩效和收益。麦卡菲和布林约尔松（McAfee & Brynjolfsson，2012）发现，纳入大数据及其分析，公司的运营效率提高，如生产率和盈利能力能够提高5~6个百分点。塔塔汽车通过分析每月的包括产品投诉、服务预约提醒、新产品公告和客户满意度调查的约400万条短信，实现供应链运营效率的提升（Wamba et al.，2015）。电子商务巨头利用电商平台获得的大数据，分析消费者最近购买了什么、将哪些商品加入了购物车、搜索了哪些产品等了解消费者的需求，以向消费者提供购物建议，更好地满足他们的需求。例如，亚马逊通过大数据分析建立个性化推荐系统，该系统带来的收入占公司年销售额的35%；此外，亚马逊还不断优化物流配送系统，比竞争对手更快地交付订单，2019年还推出"一日达"服务。亚马逊与供应商合作，选择离供应商与客户最近的仓库追踪库存，将物流成本降低了10%~40%（Wamba et al.，2015）。

由此可见，大数据应用在供应链中的应用逐步深入，从供应商、制造商、销售商到终端客户，各个节点都充斥着大数据。一些先进的中国公司也建立了跨部门、跨企业数据共享，实现技术、管理等方面的创新。例如，安徽真心集团建立了大数据化的智能制造供应链体系，实现了休闲食品领域产品全生命周期的质量数字化全流程管理体系。在这个体系中，真心集团通过大数据分析与管理，不仅优化了标准化数字车间的物料管理、库存、物流管理体系，而且通过采购大数据分析，优化供应商结构，实现生产供应链的全流程数字化整合。与此同时，在市场端，真心集团也利用大数据为营销决策和策略的制定提供多维度信息，以提高其科学性和精准度，如刻画经销商画像、消费者画像等（陈军君等，2019）。贺兰山东麓的葡萄酒供应链也采用了大数据及分析来创新和开拓市场（陈军君等，2021）。

显然，大数据不仅驱动了供应链核心企业的变革，也推动了供应链上游供应商、下游经销商和客户参与的供应链结构的变革。

2. 大数据驱动供应链管理变革

大数据驱动供应链组织结构变革。传统的供应链网络是基于产品和服务的价值链，而在大数据的环境下，终端客户向上游渗透，并参与到供应链的价值创造过程，形成新的供应链价值网络，如图 1.2 所示。

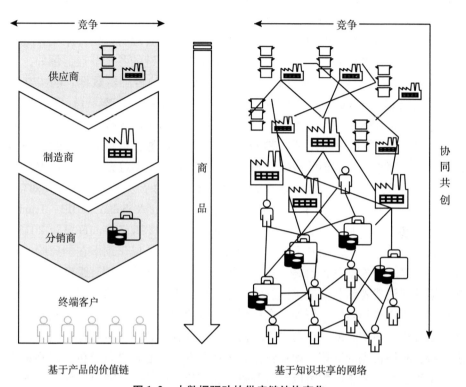

**图 1.2 大数据驱动的供应链结构变化**

资料来源：根据哥伦布在福布斯网站上发表的《大数据变革供应链管理的十种路径》翻译、整理。其中，为便于理解和图形表述，将原"合作创造和协同"简化为"协同共创"，将"基于产品的价值"理解并修改为"基于产品的价值链"，将"基于知识交换的价值"理解并概括为"基于知识共享的网络"。Columbus L. Ten Ways Big Data Is Revolutionizing Supply Chain Management. 2015, https：//www.forbes.com/sites/louiscolumbus/2015/07/13/ten-ways-big-data-is-revolutionizing-supply-chain-management/#42be841569f5.

这种结构变化必然带来供应链管理的变革。桑德斯（Sanders，2014）提出构建大数据智能供应链，并指出首先要使用大数据创建供应链分区，其次，为了发挥各个分区的作用，要将供应链各个节点进行功能性联合，并消除各节点之间的界限，使供应链各环节平衡供求运作，最后运用战略型联合模型或关键绩效指标对绩效和产品进行评估，进行全面质量管理和持续完善优化供应链。杜勇（2022）等通过宗申集团的探索性案例研究指出，平台化结构有助于制造企业跨越转型升级的数字鸿沟。麦肯锡公司提出了大供应链管理，指出使用新的数据源和大数据分析技术来帮助企业设计和运营更加智能、灵活、低成本的供应链。为了做到上述这些，大供应链分析要进行组织重构，并建立专门的大数据分析组织，负责从更广泛的企业内外收集、处理大数据，确定如何使用大数据以及努力保障大数据转化为有用的知识以帮助决策。

此外，供应链整体的组织变革还需落实到供应链管理的各个具体环节。

首先，数据源的管理。供应链大数据来源于供应链的各个节点，例如，企业资源规划（ERP）、射频识别（RFID）、机器和运输的传感器数据、购买交易记录、天气数据、上网轨迹、网络点击流、在线评论、文本、电子数据交换（EDI）、手机 GPS 信号、物联网（IOT）等（Baihaqi & Sohal，2013；Lamba & Singh，2017）。数据源的管理要获取数据源，并尽可能获取可靠、持续、完整的大数据，这要求一方面消除数据"孤岛"，另一方面对不符合要求的数据源予以淘汰，实行数据源动态管理。合理的数据源管理有助于公司有效保持其对信息、材料、生产、物流、销售和资金流的控制（Baihaqi & Sohal，2013；Lamba & Singh，2017），从而为提升企业及供应链绩效做铺垫（Herrmann et al.，2015）。

其次，针对供应链的各个环节做大数据分析改造，以识别潜在的风险和做出合理的预测。大数据分析始终贯穿于从销售、库存、运作计划、采购、生产、储存、运输到消费者预测整个供应链的运作流程。因此，也要求这些流程的管理与大数据分析要求相匹配。例如，在计划方面，使用新的内部和外部数据源重新定义计划过程，使实时的需求与供应均衡；在库存管理方面，可以进行实时数据管理，将实时销售点的数据、库存数据和生产数据整合起来进行分析，以确定供需之间是否匹配，如不匹配可以及时调整；在零售方面，零售商可以使用新的数据源来优化计划流程和提升需求感知能力，如 IBM 帮助面包店建立生产计划与天气之间的关系，结合温度和日照数据帮助烘焙公司更准确地预测消费者的偏好和不同产品之间的需求；在采购方面，打通与供应商的接口，实时了解供应流程，识别正常交付与异常交付的偏差，预测供应链中断风险；一家制药公司创建了一个融合内部、外部数据的数据库，通过建模对数据的评估以了解供应商的成本结构，从而更好地选择成本最合适的供应商；在制造方面，建立智能工厂，连接数据中心，可以利用电价的波动，安排能源密集型生产，也可以根据制造参数发现零部件的缺陷及原因等。

大数据驱动的供应链已经成为一种知识分享网络，在这个网络中，大数据作为一种生产要素，其本身不能直接创造价值，只有转化成信息和知识才能发挥作用，如支持决策。这个过程也是一个打破数据"孤岛"，消除数字鸿沟的过程。因此，供应链中大数据融通的一个关键目的是供应链知识共享，进而推动创新，实现供应链绩效提升。

# 1.2 大数据驱动的供应链客户知识融合创新的现状

## 1.2.1 大数据驱动的供应链知识共享

知识及创造、利用知识的能力被认为是企业可持续竞争力的最重要来源，而异质互补性知识资源将企业的优势区分开来，企业的知识差异性水平体现了企业不可复制和模仿知识的程度。基于此，企业通过协同合作实现知识资源的优势互补，反映在供应链管理上即是在供应链知识共享。然而，与过去相比，当今信息技术的快速发展，越来越多的数据零散地分布在供应链各个环节，且它们具有多样化、速率高、价值密度低的特点，要获取知识以应对比过去更加快速变化的市场也更加困难。因为数据在供应链不同节点形成了数据"孤岛"，缺乏顺畅的连通途径。因此，大数据改变了知识共享的内在机制。相较于过去的纸质、人际沟通方式的知识共享机制，大数据环境下，物理实体与数字融合、人机交互增强、决策不再依赖于经验和直觉，而更取决于精准的大数据分析与预测，为适应这种变化，供应链中的知识共享机制必然也要随之变革，产生新的内在知识共享机制。

面对大数据如何深化供应链知识共享这一问题，首先是大数据如何转化为知识。供应链产生大量数据，分析可以帮助理解和转化它们，并将大量信息最终转化为决策。例如，管理人员能够模拟中断并做出关键、及时的决策，使实时产生的数据具有灵活性和弹性；数据的广度使供应链隐藏的参与者联系起来，共同创造一个有凝聚力的观点。国际商业机器公司（IBM）基于"整合供应链多个功能于一个单一视野中，尽可能提供全面和及时的信息，以便在动荡的市场中实现快速洞察和决策"这一观点，于2021年9月推出了基于人工智能的供应链智能套件，套件将业务规则、高级分析、人工智能和自动化组合在一起。巴拉蒂和乔杜里（Bharati & Chaudhury，2019）研究了使用社交媒体大数据如何影响知识管理实践、创新过程和业务绩效，并指出社交媒体大数据能够推动知识管理实践，从而提高企业的创新能力。费拉里斯等（Ferraris et al.，2019）发现拥有更强的大数据分析能力的组织可以显著提高其绩效，在将数据转化为知识的过程中，知识管理导向在提高大数据分析能力整体效果方面起到了关键作用。企业通过大数据分析能力创建多样化和组合的知识集来支持供应链协同绩效。显然，将供应链中的不同来源的数据整合在一起，通过大数据分析转化为信息、知识以支持决策，提高供应链效率已成为人们的共识。

将数据转化为知识，除了数据的整合、分析技术、组合技术的应用外，供应链中知识共享的机制也至关重要。大数据的数量巨大、来源和形式多样、实时多变和低价值密度等特性，给今天的供应链知识共享机制设计提出了新的挑战。供应链大数据分布在不同利益相关者中，共享和进行大数据开发利用需要巨大成本，需要各利益相关者的共同努力，解决技术、协同、组织、道德等问题。大数据分析能力被看作企业和供应链的一种动态能力，通过这一能力的加持，推动节点企业间的数据与知识共享。桑德斯（Sanders，2014）提出了基于大数据分析构建智能供应链的构想，并指出应进行供应链分区、功能联合、平衡供求运作和绩效评估，以在供应链实现全面质量管理。丰田公司建立供应链知识共享网络，有效提升了供应链的整体绩效，它也被广泛认为是供应链知识共享的典型案例（Dyer & Nobeok，2000；Dyer & Hatch，2004）。在业务网络中发展协作关系、非正式沟通、建立共享文化，有利于供应链的知识共享，其中，信任、承诺和互助能使供应链关系具有更高的信息整合效率。而建立学习型组织，获取和共享有关客户、供应商和其他供应链节点知识，有助于提升供应链的灵活性。杜勇等（2022）通过宗申集团的案例指出，平台化是制造企业跨越数字鸿沟并实现大数据利用的一种有效途径。杜贝（Dubey，2019）认为组织灵活性源于快速有效地改变组织结构和资源分配，这对供应链构建大数据知识共享至关重要，大数据文化对资源选择具有调节作用。适当的激励和合理的道德风险防范是必要的，这有助于供应链企业间的知识共享。

由此可见，在大数据环境下，供应链知识共享机制已与过去有较大差异，技术的变革必然要求与之有相适应的管理变革。

## 1.2.2 大数据驱动的 C2B 供应链客户知识融合创新研究背景

C2B（customer/consumer to business）供应链，是指通过终端客户个性化、多样化需求来调度供应链各个环节进行快速响应的一种供应链模式（高红冰，2014；蔡景钟，2017）。与传统供应链依靠企业经验对客户需求做出响应不同，C2B 供应链则更强调客户需求反向拉动供应链做出快速响应（陈军君等，2017），这就造成 C2B 供应链在客户定制化程度、响应速度等诸多方面与传统供应链有所不同。更进一步地，C2B 供应链的上述差异化特色带来的创新效用引发一个悖论——客户端的数据大规模、需求个性化特质是 C2B 供应链的重要特征，客户大数据驱动供应链进行产品和服务创新（曹磊，2016）；但与此同时，客户数据的碎片化、分散化，又使创新所依托的供应链节点间的数据与知识整合更为困难。从实践层面来看，供应链中不同节点企业间的组织边界障碍、相互独立的流程、难以融合的利益诉求，都是导致客户大数据在供应链不同节点形成数据"孤岛"的诱因。因此，从供应链知识管理视角出发，开展对大数据驱动的 C2B 供应链客户知识融合创新机制的研究，以打破数据"孤岛"与利益割据局面，实现供应链融合创新是支持供给侧结构性改革的重大现实命题。

目前，一些先进的企业，例如海尔、美的、红领服饰、沃尔玛等纷纷努力探索利用客户大数据驱动供应链实现产品、服务等创新。但这些企业的实践还处于探索阶段，缺乏系统的指导思想和行动准则，甚至在缺乏研究的基础上，部分行为还存在战略偏差。例如，当前大数据驱动的 C2B 供应链中客户知识融合的过程是怎样的，驱动创新的要素是什么，影响因素有哪些？客户知识反向融合过程中，如何整合不同供应链节点企业间相互独立的流程，具体路径是怎样的？如何激励参与融合创新的各知识主体共享数据与知识，怎样协调参与者的不同利益冲突？如何构建融合创新的由政策、策略、机制等构成的对策体系？这些都是当前研究的主要缺憾，同时也为本书的研究提供了断层和机会。

## 1.2.3 大数据驱动的 C2B 供应链客户知识融合创新文献综述

### 1. 供应链客户知识融合创新的驱动要素与影响因素

目前，有关供应链客户知识融合创新的研究比较缺乏，已有关于客户知识创新驱动要素与影响因素的研究集中于企业客户知识管理领域，代表性观点与结论如下所示。

驱动要素。客户知识包括客户需要的知识、关于客户的知识和来自客户的知识（Gibbert et al.，2002）。企业通过与客户交流（Blosch，2000）、交易数据（黄亦潇，邵培基，2006）、CRM 信息系统（李东等，2008）、社会化媒体（杨晓刚等，2018）、在线评论（丁志慧，刘伟，2016）、物联网数据（焦媛媛等，2015）等获取客户知识，驱动创新。

影响因素。客户知识特性（Szulanski，1996）、共享意愿、关系、文化（Inkpen & Tsang，2005），领先用户参与意愿（Hippel & Urban，1998）、参与方法（Lüthje et al.，2004），客户参与角色，如客户作为知识源介入（Cui & Wu，

2016)、部分参与（王永贵，2012）、全程参与（Cui & Wu，2016）、与员工配合（谢礼珊等，2015）等因素对企业创新的路径、绩效（王小娟、万映红，2017）具有重要影响。

上述文献厘清了单个企业创新客户知识的概念、驱动要素与影响因素，但未涉及跨组织问题。C2B供应链客户知识创新是跨组织边界的反向融合过程。那么，供应链跨组织融合涉及哪些知识、流程和参与节点，过程如何？供应链企业间流程、组织融合创新的驱动要素，影响因素有哪些？这会在本书第3章重点予以探讨。

2. 供应链客户知识融合创新路径

传统情境下：供应链成员通过项目式合作（Meng，2010）、信息系统（Paula & Jabbour，2017）、多渠道合作（Neslin & Shankar，2009）、调节渠道关系持续时间（钱丽萍等，2010）、模块化技术（王亚娟等，2014）、多边合作（戴建平、骆温平，2017）等进行知识、客户知识共享，促进供应链创新。

互联网大数据情境下：大数据与供应链客户知识创新路径方面的研究认为，客户大数据是大数据的一部分，供应链主体通过数据与知识协同创造价值（冯芷艳等，2013）；客户大数据分析提高供应链创新能力（Arias‐Pérez，2022），影响全渠道供应链服务创新（计国君等，2016）、发现供应链中产品质量问题（Singh et al.，2017）等。C2B供应链客户知识创新方面，企业界认为C2B是通过用户个性化需求来调度整个供应链各个环节进行快速响应（高红冰，2014），强调客户需求驱动大规模、个性化定制，是供应链整合趋势之一（曹磊，2016）。一些学者认为，C2B是以消费者为主导，聚合需求，厂商响应满足消费者个性化需求的模式（肖迪、侯书勤，2017），有C2B到B2C两个阶段（李健等，2015）并对C2B供应链定价与产能协调（肖迪、侯书勤，2017）、生鲜农产品供应链的C2B商业模式（但斌等，2016）等进行了研究。

已有文献对传统供应链的知识创新路径有较清晰的认识，但对大数据驱动下的C2B供应链客户知识创新路径的研究还处于探索阶段，且缺乏流程整合视角的研究。那么，从流程整合视角出发，客户知识分布于C2B供应链的哪些流程、有何特征，并经由流程、采用何种路径实现融合创新？这会在本书的第4章重点予以探讨。

3. 供应链知识融合创新的激励与协调

供应链客户知识创新通常通过合作来实现，其成功依赖于对合作各方的激励与协调。(1) 激励契约。相关文献研究了知识创新的权益型联盟治理机制（Mowery et al.，1996），绩效衡量机制（Gerald，2005），工资制度、补偿机制（Fey et al.，2008）；"搭便车"限制策略（吴冰等，2008），交易关系契约（陈伟等，2015），外包契约（唐国锋等，2017）等。（2）协调策略。相关文献研究了知识共享动态定价策略（Bell et al.，2002），创新补偿双渠道协调（陈树桢等，2011），知识交易策略（张旭梅等，2012），IT能力协调（朱镇，张伟，2014），契约与关系共治（王清晓，2016），基于 C2B 承诺契约的供应链产能协调（肖迪，侯书勤，2017），供应链期权价值共创与协调（万骁乐，孟庆春，2017）等。（3）创新效应。客户知识共享机制能够提升供应链绩效（陈菊红等，2002），对节点企业绩效有正向影响（张旭梅等，2012）；供应链企业的整合能力（潘文安，2012）、吸收能力（王辉等，2012），组织学习（李志远，王雪方，2015）、管理流程（王小娟，万映红，2015），组织文化、关系（刘益等，2008）、社会资本（Polyviou et al.，2019）等影响供应链客户知识创新效应。已有研究揭示了供应链企业间知识创新的内在激励机制与协调决策，但缺乏对基于客户知识共享、价值共创的供应链网络视角的研究。那么，在供应链网络视角下，核心企业如何激励、协调与非核心企业之间的利益冲突？非核心企业在面对核心企业的激励与协调时应该如何选择？双方的激励、协调机制对创新有何效应？这会在本书的第 5 章、第 6 章重点予以探讨。

## 1.3 大数据驱动的 C2B 供应链客户知识融合创新机制的研究价值

在互联网大数据环境下，供应链及其知识创新具有新特征、新规律，本课题厘清大数据驱动的 C2B 供应链客户知识融合创新的过程、原因、障碍，找出关键驱动、影响因素，这将为破解供应链创新面临的数据"孤岛"和利益割据问题奠定基础。

本书从供应链内功能性横向整合角度出发，通过流程融合，联结数据、知识"孤岛"，构建客户知识融合创新的路径，这将为利用客户大数据驱动供应链创新提供可行思路。

本书从纵向整合角度出发，研究客户大数据驱动的知识融合创新过程中跨组织的激励与协调，打破知识主体利益割据，实现组织融合，这将为企业设计融合创新机制提供理论依据。本书不仅是对客户知识管理、供应链知识管理理论的深化，也是对供应链创新及运作管理的理论与应用拓展。

在互联网大数据环境下，一方面，客户个性化、多样化需求增加，大量客户大数据产生，但未得到有效应用；另一方面，大量传统企业不清楚如何利用客户大数据驱动供应链创新。因此，本书提出大数据驱动的 C2B 供应链客户知识融合创新机制，有助于传统生产制造业实现按需设计、以需定产、精准营销，从客户到供应链再到客户的闭环持续优化创新，打造"智能制造"供应链生态体系，并为农业供应链、服务供应链的大数据驱动型创新提供借鉴和参考。

# 第 2 章

# 大数据驱动的 C2B 供应链客户知识融合
# 创新的理论基础与研究框架

## 2.1 客户知识的概念与内涵

### 2.1.1 客户知识的定义

人们对客户知识的研究可以追溯到 20 世纪 70 年代，早在 1977 年，麻省理工大学教授冯 - 希佩尔（Von Hippel，2016）在研究企业创新源泉的过程中就提出"客户已经为你开发了下一个产品"，并指出很多产品创新并不是来源于企业内部，而是来自企业外部的客户。客户知识最早被定义为从收集的客户相关文件资料、交易数据及信息中整理和分析出来的知识（Wayland & Cole，1997；Davenport & Prusak，1998）。进一步的研究对客户知识的概念进行了更详细的阐述。

#### 2.1.1.1 区别于客户数据与信息

客户知识属于知识的一种，其有别于数据和信息，因此它具有知识的共性，已有主流研究对三者的具体区分如表 2.1 所示。

**表 2.1** 数据、信息与知识的区别

| 作者 | 数据 | 信息 | 知识 |
|---|---|---|---|
| 世界银行《1998 年世界发展报告——知识促进发展》 | 是未经组织的数字、词语、声音、图像等 | 以有意义的形式加以排列和处理的数据（有意义的数据） | 是用于生产的信息（有意义的信息）；信息经过加工处理、应用于生产，才能转变成知识 |
| 罗利（Rowley，2002）；坎贝尔（Campbell，2003） | 组织数据库和员工头脑当中关于人及其行为的事实 | 数据被放在一些有意义的情境中，就成为信息 | 以文档或交互的形式在人们之间利用和传播的信息 |
| 达文波特和普鲁萨克（Davenport & Prusak，1998）；萨克（Zack，1999）；达文波特和普鲁萨克（Davenport & Prusak，1998）；野中和西口（Nonaka & Nishiguchi，2000）；阿拉维和莱德纳（Alavi & Leidner，1999）；哈里斯（Harris，1996）；达文波特和德龙（Davenport & DeLong，1998） | 对事件细致、客观地记录，本身不具有意义，无法提供任何判断、分析与行动的依据，表达形式可以是数字、记号、调查记录等，大量的数据可能使企业管理混乱 | 信息是有意义的数据，经过分类、分析处理之后，可通过言语、图片或表格来表达见解和判断的资料 | 经过分析信息而产生出来的能力，是一种流动性的综合体，包括经验价值、专家的认知和见解，是开创价值的直接材料；个人持有的一种辩证的信念，与事实、观念、解释、构想、观察相融合的个人化信息 |

显然，从表 2.1 可看出知识与数据和信息有本质的区别，数据是基本原料，而信息是有规律的数据，知识则是有价值和效用的信息。数据经过处理后，其表现形式仍然是数据，处理数据是为了便于更好地解释信息。只有经过解释，数据才有意义，才能成为信息。而知识则是人接收信息之后对信息的消化、吸收、内化、创新并以语言、文字、图画等方式表达出来这个过程的最终产物。因此，相比于数据和信息，知识更为复杂，能给企业带来更大的收益。客户知识作为知识的一种，除了具有知识的共性外，还有与其特定对象客户相关的特性。

### 2.1.1.2　客户知识的定义

不少学者对客户知识进行了定义，本书经过归纳、整理，列出几种典型的定义，如表 2.2 所示。

**表 2.2** 客户知识的定义

| 学者 | 客户知识的定义 |
|---|---|
| 布洛什（Blosch，2000）；吉伯特（Gibbert et al.，2002） | 客户与企业交流、交易过程中产生的一种过程知识，是关于客户的有组织的经验观、价值观、相关信息和洞察力的动态组合，它所构成的框架可以不断地评价和吸收新的经验和信息 |

| 学者 | 客户知识的定义 |
|---|---|
| 希瓦纳（Tiwana，2001） | 客户知识是与客户有关的概念、规则、模式、规律和约束等 |
| 坎贝尔（Campbell，2003） | 有关客户一连串有系统的客户数据，企业将其与客户互动的数据经整理分析后产生客户知识 |
| 于涤和樊治平（2005） | 从组织的角度来看，客户知识就是组织关于客户的、对组织有价值的知识 |
| 黄亦潇和邵培基（2006） | 企业在与客户进行沟通和交易的过程中累积大量有关的数据、信息及经验，经过归纳、分析、验证而形成。客户知识能够描述客户界定、客户需求及其行为以及相应的客户联系技术 |

由表2.1和表2.2可知，客户知识与数据、信息有所不同，不同的研究者对客户知识的定义也不同，但存在共识，主要表现为以下两点。

（1）客户知识不同于客户数据和客户信息。

客户数据、客户信息与客户知识在信息价值链上处于不同的层次。客户数据是最初的原材料，而客户信息又是客户知识的原材料。客户数据和客户信息容易转让，也可以复制，而客户知识是针对特定客户的需求和问题，在信息分析的基础上提供的解决方案，只有通过学习才可以转让，并且也无法复制。首先，从客户数据提升到客户信息，主要是在客户数据之间建立相关关系，使其有序化和结构化；其次，根据客户的需求，对客户信息进行分析、比较、综合和概括，以发现问题的实质和核心，并对其发展趋势进行预测，形成客户知识。日本学者野中和竹内（Nonaka & Takeuchi，1995）指出信息和知识存在明显的区别，知识是关于行动的，它永远是"针对某种目标"的知识。因此，与客户信息相比，客户知识与客户的需求、偏好、行为等高度相关，直接为制定决策和行动方案服务。

（2）客户知识对企业有重要意义。

客户知识产生于企业与客户交易、交流的过程中，依赖于企业而存在，而企业也离不开客户知识，客户知识对企业的产品和服务的改进与创新、成本降低、利润的增加等有很高的价值和意义。从资源观和知识管理的角度来看，客户知识存在于客户关系中，是企业发展的一项重要关系资产，也是企业核心竞争能力构建的基石，它可以不断地增值，从而为企业创造更大的价值和更多的利润。

## 2.1.2 客户知识的分类与特性

布洛什（Blosch，2001）认为客户知识为客户与企业交流、交易过程中产生的一种过程知识，其有显性知识与隐性知识两种。波兰尼（Polanyi，1966）提出存在两种知识，即显性知识和隐性知识。隐性知识更多指的是经验，有价值的猜测和想象，包括一系列的概念和感知信息、图像，而这些都可以被用来产生一些有价值、有意义的东西。显性知识是可以编码的知识，可以通过文字、数字表达的知识，可以通过数字、科学公式、规范、手册等形式进行共享。显性知识更容易被复制、传播、共享，但也很容易失去时效性。野中（Nonaka，1991）、野中和竹内（Nonaka & Takeuchi，1995）赞同波兰尼（Polanyi，1966）对知识的分类，认为"隐性知识是具有很强的个人归属性，很难对其进行形式化的表现，因此很难和别人进行交流"。但是，隐性知识具有一个非常重要的认知层面，因为它是蕴含在人大脑中的模型、信念，同时也是根深蒂固的，所以很难被别人模仿。这一观点得到很多学者的赞同和支持。甘地（Gandhi，2004）认为隐性知识是在人的意识层次被理解和使用的，因此，其常常以非正式的形式来进行共享。达文波特和普鲁萨克（Davenport & Prusak，1998）还指出，正是隐性知识难以被模仿的这一特性，使它成为竞争优势的关键。野中（Nonaka，1991）指出，与隐性知识不同的是，显性知识是可以形式化、系统化的，容易通过科学公式、计算机程序进行传播和共享。野中和竹内（Nonaka & Takeuchi，1995）进一步巩固了野中（Nonaka，1991）对显性知识的理解，同时，甘地（Gandhi，2004）也认为显性知识是可以进行编码、存储和共享的知识。显性知识和隐性知识之间存在着很大的不同，但是野中和竹内（Nonaka & Takeuchi，1995）指出这两种知识之间仍然是互补的，且彼此之间存在着很多共同的关系和结合。野中和竹内（Nonaka & Takeuchi，1995）提出了显性知识和隐性知识的转换模型，包含了四个有效的转化流程：隐性—隐性，即知识的社会化，比如可以通过师傅带徒弟的方式进行知识的传授；隐性—显性，即知识的外化，比如把知识记录下来，通过讲故事、叙述、多媒体等方式进行交流；显性—显性，即知识的结合，通常通过标准化和系统化的方式获取，必须依靠计算机数据库、内网或者其他的一些专家系统；显性—隐性，即知识的内化，通常是知识分布在企业内部，且需要通过个体的积极参与才可以产生的知识转化过程。

穆里略等（Murillo et al.，2002）认为客户知识主要包括两个方面：一是客户关于他们所关注的产品和服务的相关知识；二是公司应该具有的能够帮助客户做出购买决策的相关知识。罗利（Rowley，2002）认为客户知识包括两个方面：一是关于客户的知识（knowledge about customers），包括潜在客户细分以及单个客户的知识；二是客户拥有的知识（knowledge possessed by customer），包括新产品需求偏好与预期、已有产品的改进方向、产品的使用功效、使用环境以及产品应该进入的目标市场等；并指出客户的范畴包括潜在客户、细分客户和内部客户。

基于布洛什（Blosch，2000）、穆里略等（Murillo et al.，2002）、罗利（Rowley，2002）等对客户知识的分类，吉伯特等（Gibbert et al.，2002）发展了客户知识的概念，从客户关系管理及知识管理的角度提出了较为明晰的客户知识分类，他们认为客户知识是客户与企业在交易及交流过程中产生的认知、经验、想法和观点的有机结合，主要包括以下三个方面的内容。

（1）客户需要的知识（knowledge for customer），即公司应提供的满足客户在认识产品、市场与供应商等方面所需要的知识。这类知识通常在企业内部产生，是由企业传递给客户，以帮助客户更好地理解企业的产品和服务，从而使客户的需求与企业的产品有效地匹配。这类知识在营销活动中表现为企业对客户的培育、培训，使客户对公司及其产品形成系统的认知、理解，树立品牌信念、定位概念等。这类知识对获得、保持客户具有重要作用。难点是如何使客户能够普遍接受这类知识，如何能够有针对性地为不同个性的客户提供相应的知识，即广泛与精确性之间的平衡是管理这类知识的重点。

（2）关于客户的知识（knowledge about customers），这类知识讲述客户的基本情况，即有关客户的行为动机、偏好、需求等方面的知识。这主要包括客户档案、联系方式、历史购买信息、要求、期望以及他们的购买行为等相关知识。客户的知识主要产生于报价管理、服务管理、客户投诉管理、契约管理等流程，既是传统的客户知识管理研究的重点对象，也是目前研究和应用最广泛的一类客户知识。

（3）来自客户的知识（knowledge from customers），即客户拥有的产品和服务、供应商及市场知识。这部分知识一旦获取，就能提高服务质量或研发新产品。这类知识讲述客户对企业、竞争对手等的产品和服务使用情况的反馈，包括与产品和服务相关的客户评价、反馈、抱怨、感受、期望、新想法以及营销与研究人员从客户处获取的默会知识，如客户习惯、性格特点、心智模式、预见性、信仰、价值体系、团体默契、组织文化和风俗等。这类知识是企业创新的源泉，使企业能够及时、快速地响应客户需求，改进、创新产品和服务或调整营销策略。

学者邹农基和冯俊文（2006）在国外学者研究的基础上将客户知识分为四个维度：关于客户的知识（knowledge about customer）、客户需要的知识（knowledge for customer）、来自客户的知识（knowledge from customer）以及共同创造的知识（knowledge co-creation）。前三个维度延续了吉伯特等（Gibbert et al., 2002）对客户知识的分类概念，第四个维度强调了客户与企业的互动创新。

于涤和樊治平（2005）基于供应链流程视角，将客户知识分为基本信息知识、交互知识、流程知识和行业知识四种。

（1）基本信息知识，是指供应链参与企业（包括产品和服务的最终客户）的信息知识，它是在供应链的相邻节点企业间交易过程中获得的结构化知识。包括位于核心企业上游的供应商基本信息知识（如供应商的技术革新、在库库存、生产进度等）、位于核心企业下游的分销商、销售商以及最终客户的基本信息知识（如分销商资质、在库库存、销售商的销售数据以及最终客户的购买信息、购买趋势等）和核心企业的基本信息知识（如在库库存、实际产量、厂址信息等）。

（2）随着信息技术的不断发展，供应商、制造商和客户的界限逐渐变得模糊，制造商要利用畅通的网络信息与供应商和客户经常沟通，客户和供应商也可适时地融入交易过程，指导生产活动和经营活动。正是在核心企业与其上游、下游合作伙伴的这种相互作用中产生了交互知识，如来自客户视角的企业产品特征信息、产品需求信息等。但这类客户知识只有与企业的具体业务流程结合（如可用于新产品研发、客户服务），才可发挥其效力。

（3）流程知识，是指核心企业在运作各项业务时，所应遵守的程序标准，包括企业产品和关联服务的分类标准以及企业的政策等。流程知识大多产生于企业内部，且流向客户端。在管理这类客户知识时，应保持客户知识的广泛性与精确性之间的平衡。

（4）行业知识涉及影响供应链运作的其他各种客户知识，如市场信息、行业规则、经济因素、资源信息、政府的相关产业政策等。

基于上述对客户知识概念的分析，再结合本书的研究，我们认为客户知识是企业或企业联结体（如供应链等）对市场终端客户处获取的数据和信息进行整理、分析、提炼、转化而形成的较系统的经验、概念、观点及洞察力的有机组合，能够对企业乃至供应链的决策提供参考或支持的价值系统。

客户知识既具有知识的一般特性，又具有其特殊的性质，具体包括以下五个方面。

（1）组织超越性。客户知识是企业从客户信息中分析提取而来的。客户信息可通过企业主动收集和客户主动提供而得。客户是客户知识共享活动的主要参与者。因此，客户知识共享突破了企业的界限，并延伸到企业以外的客户群中。构建客户知识共享体系不仅要在企业内部，还要在企业和客户之间，具有超越组织界限的特性。

（2）动态更新性。企业的客户知识并非一种静态的存在物，而是具有生成性的动态知识交流网络。企业拥有的客户知识往往是适于特定时间、特定地点和特定产业的知识，脱离特定的背景，客户知识就会在一定程度上失去其含义。组织客户范围的不断变化，及客户自身需求和满意度的不断变化决定了客户知识的动态性。与此同时，市场环境的严重干扰，使客户的消费行为、需求处在不断的变化之中。根据客户知识设计的企业战略、策略，如市场营销策略产生的效益由于竞争对手的模仿和市场效应而逐渐降低，客户知识也就会随着时间的推移而贬值，此时，企业必须从市场与终端客户处重新获取新的客户知识，更新自身的客户知识库，从而为企业的战略、战术等决策提供新的指导与参考。

（3）转移黏滞性。客户知识的隐性特质，以及转移成本与难度导致了其转移的黏滞性。客户知识往往隐含在大量的客户信息和客户、员工的头脑中，只有拥有一定的技术或在特定的知识背景下通过沟通交流才能获得。与此同时，客户知识以不同的人、组织等为载体，要对其进行转移存在一定的成本，并因知识内容的不同而不同，且有较大的差异。知识转移的成本取决于知识的特性、知识量的大小以及知识觅取者与提供者的特性等几个方面。一般来说，知识转移的难易程度是由接受者的吸收能力决定的。另外，显性客户知识的转移成本较隐性客户知识的转移成本要低，但由于客户知识的隐性，其转移成本较高。因此，客户知识的转移具有黏滞性。

（4）组织依赖性。客户知识也是依赖于组织资本而存在的，比如，企业文化、企业在长期运行过程中形成的特有的对问题的处理方式和知识表达方式等。这些组织资本决定了客户知识共享和应用的效率，尤其隐性知识表现得尤为明显。因此在客户知识共享的过程中，企业不仅要掌握数据和信息，同时还必须创造知识的联结模式或应用背景。

（5）关系资本转化性。客户知识作为衡量客户关系的重要尺度，在组织中经过一定过程可转化为体现组织与客户关系的关系资本。由于客户知识所具有的这些特性以及客户知识在企业建立和发展客户关系，实施关系营销策略中所起的作用，企业有必要建立有效的客户知识共享体系，并对客户知识进行管理，从而使客户知识在企业参与市场竞争的过程中最大限度地发挥作用。

基于上述对客户知识的定义、分类与特性的认识，人们对客户知识越来越重视，相关研究强调了客户知识对企业及企业联结体（如供应链）的营销、创新的重要性（Griffiths，2000）。而在大数据环境下，客户知识来源更加多样化、复杂化，企业的客户知识管理也与以往不同。因此，下面首先对大数据环境下的客户知识来源进行剖析，进而对大数据驱动的客户知识管理做进一步的分析。

## 2.2 大数据驱动下客户知识来源及跨流程管理

在大数据背景下，客户通过各种渠道与企业互动产生了大量结构化和非结构化数据，这些数据具备了大数据的"4V"特征，即"数量大、类型多、速率高、可挖掘价值大"，利用这些数据挖掘出的客户信息和知识能够为企业创造巨大价值（Erevelles et al.，2016），因此，客户大数据是大数据背景下客户知识的主要来源。

### 2.2.1 大数据环境下的客户知识来源

#### 2.2.1.1 客户知识来源

（1）社交媒体。社交媒体（社会化媒体）数据是客户大数据的一大来源。例如，国内的微博、小红书、微信、QQ及各大论坛等，国外的推特（Twitter）、脸书（Facebook）和领英（Linkedin）等社交媒体产生大量客户数据。社交媒体成为用户生产内容，企业进行营销、销售和服务的重要途径。在这些社交媒体上，客户表达他们对某个企业的产品、服务的看法，甚至基于这些产品、服务生产新的内容，这些成为客户知识的来源。企业可以利用这些平台收集有关客户偏好、意见和行为的信息。

（2）客户反馈。通过在线调查、评论和反馈表收集的客户反馈可以获取对客户需求、偏好等知识。其中，各大电商平台的客户评论成为典型客户知识的来源。例如，在京东商城、淘宝商城、拼多多等电子商务平台上，客户购买后对商品进行评价，产生了大量的文字、图片和视频评价。同样地，在其他平台，如中关村、汽车论坛、携程网等平台上，也存在大量的客户反馈评论。这些评论中蕴含客户对产品的优点、缺点、服务等丰富的评价信息，企业通过这些数据挖掘可以获得客户关于产品的需求、偏好，甚至创新的想法。

（3）用户（客户）行为。客户在上网或使用 App 时，会产生一系列网络使用轨迹数据，如 IP 地址、访问了哪些网站、浏览了哪些网页、点击了哪些链接、停留了多长时间、使用了什么关键词、访问的频率、访问的路径等。这些客户行为数据可以用来构建客户画像，细分客户群体，从而帮助企业进行精准的市场营销、客户管理等。

（4）客户服务交互。客户服务交互主要体现在企业与客户的互动方面，客户和企业在各个不同的接触点有不同的互动，如网站、电话、电子邮件和聊天记录等。在客户与企业的交互过程中，客户体验产品、服务，企业通过接触点获取数据，能更深入、及时地了解客户行为、偏好和客户的想法，并为客户提供量身定制的建议，预测客户的需求，甚至与客户合作产生创新。

### 2.2.1.2　客户数据来源

物联网（internet of things，IoT），是指嵌入传感器、软件和连接功能的物理设备网络。物联网设备可以产生大量数据，并通过互联网交换和收集这些数据。例如，通过智能家电、可穿戴设备、家庭自动化系统和工业传感器，可以捕获和传输与客户行为、使用模式、环境条件等相关的数据。这些设备不断产生实时数据，创造了大量可以分析和利用的客户数据。

智能手机是移动应用程序的主要载体，用户与智能手机应用程序交互产生了大量半结构化、非结构化数据。例如，用户使用程序的数据，包括使用持续时间、使用频率、互动最多的功能等；位置数据，定位数据经常被用来提供基于位置的功能和服务，如地理坐标、地址及其商业应用。

销售数据属于结构化数据，但整合多个电子商务平台和渠道的销售数据可以分析哪些产品受客户欢迎，以及客户的购买习惯和趋势。

客户关系管理系统（customer relationship management，CRM）可以提供客户数据的集中存储库，包括联系信息、购买历史和客户交互。

以上客户数据中既有诸如销售数据、CRM 系统的客户概要、购买历史等结构化数据，又有社交媒体评论、聊天记录、客户网络行为轨迹、位置空间数据、传感器数据，还有天气数据、新闻文章、经济指标等非结构化数据，这些数据共同构成客户大数据。这些客户大数据，从量的比例来看，多为半结构化、非结构化数据（Grimes，2011）。从质的角度来看，这些数据多样化、高速率、价值低，只有利用大数据分析技术进行提炼才能转化为客户知识加以利用。因此，针对不同渠道的客户大数据，企业需要对这些客户大数据进行分析和定位，辨识它们归属的流程与组织，从而进行有序转化，形成企业客户知识管理体系。

## 2.2.2 大数据驱动的跨流程客户知识管理

客户大数据产生在企业的不同流程，它们在企业流程管理中被抓取出来进行有序转化，从而形成客户知识，这也构成了大数据驱动的企业客户知识获取过程。

首先，要厘清企业管理流程中存在什么样的客户大数据，只有清楚了企业不同管理流程中蕴含着的客户大数据，才能进一步获取这些数据，进而挖掘分析和利用这些数据，发挥其数据资产的作用。企业不同流程中的客户大数据聚合，如图2.1所示。

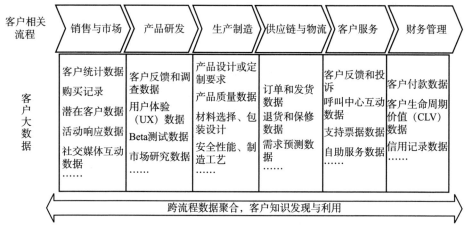

图2.1　企业跨流程客户大数据聚合

在企业管理流程中，与客户密切相关的流程包括销售与市场、产品开发、供应链与物流、客户服务以及财务管理。客户的各种数据在这些流程中不断产生，挖掘和分析这些数据，首先在各流程本层面创造价值，进而通过整合各流程层面的数据，挖掘出更高层次的新价值，从而支持跨不同企业流程的明智决策。

在销售和市场层面，通过客户统计数据的分析可以进行市场营销活动中的细分、目标定位和个性化；购买记录帮助识别交叉销售和追加销售机会，跟踪客户忠诚度，并衡量营销效果；潜在客户数据能够协助识别潜在客户并管理销售渠道；活动响应数据则有助于评估营销活动的成功和完善营销的策略；社交媒体互动数据能够提供对客户情绪、偏好和品牌信息参与的洞察。

　　企业产品研发需要客户大数据提供支持，例如，客户偏好、客户的满意度等有助于企业找到产品的功能设计优化的方向，甚至开发出更新的产品。而在产品开发本流程层面，产品开发前期、中期和后期的客户调查或客户参与、体验等数据为产品研发提供了参考。客户反馈和调查数据能够为客户偏好、产品使用模式和功能请求提供见解；用户体验（user experience，UX）数据可以提供关于数字产品的易用性、导航和总体满意度等的反馈；Beta测试数据可以识别产品缺陷，收集用户反馈，并进行迭代改进；其他公共市场数据、市场研究数据则能够更好地了解市场趋势、竞争格局和客户对新产品开发的需求。此外，产品研发流程中产生的设计思路、设计图纸、实验数据、测试数据、新品使用体验数据等均为产品研发的改进和创新服务。

　　产品研发后进入生产制造流程，这一流程中的产品设计要求、客户定制要求，产品的质量数据、材料选择、包装设计、性能安全、制造工艺等数据与是否能生产出满足客户需求的产品密切相关。因此，从这个角度来看，也从属于客户大数据。这些客户大数据一方面决定了企业是否需要采用柔性化制造，采用的灵活性多大，成本控制在什么水平；另一方面，也决定了最后生产出来的产品是否满足客户个性化、多样化的需求。因此，生产制造也一定程度上需要客户大数据的驱动，并受客户知识质量的影响。

　　产品研发出来后逐步投放市场，这要依赖供应链和物流将产品最终顺利送达消费者手中，这个过程产生了大量订单、发货数据、物流跟踪数据、位置数据、退货保修数据、需求预测数据等。在供应链与物流流程层面，订单和发货数据能够帮助跟踪交货时间，优化库存管理，提高供应链效率；退货和保修数据可以为产品质量、客户满意度以及产品或工艺改进领域提供见解；需求预测数据使组织能够预测客户需求，优化库存管理，并相应地计划生产。

　　从产品生产出来到送达客户手中及客户使用产品的整个过程中，企业需要提供售前、售中和售后服务，特别是售后客户服务，这个过程也产生了大量客户数据，不仅可以优化本流程决策，对其他流程决策也具有重要价值。客户反馈和投诉使公司能够确定需要改进的领域，解决客户问题，并提高总体客户满意度；呼叫中心互动可以对客户需求、"痛点"和服务质量提出见解；支持票据数据能够跟踪响应时间、解决率和客户对支持服务的满意度；自助服务数据则可以跟踪客户与知识库、常见问题解答和在线帮助资源的交互，以改进自助服务体验。

　　除了与产品或服务密切相关的流程外，客户购买产品必须支付资金，因此，财务管理的过程也产生了大量的客户数据，包括付款数据、客户生命周期数据、信用记录等数据。客户付款数据能够帮助管理应收账款，跟踪付款趋势，识别高风险客户；客户生命周期价值（customer lifetime value，CLV）数据则能够协助确定不同客户群的盈利能力，并指导资源分配决策；信用记录数据能够支持信用风险评估，帮助客户管理信用条款等。

客户大数据在企业的销售与市场、产品开发、供应链与物流、客户服务以及财务管理不同流程层面产生、聚合、融通，不仅向本流程提供知识决策，而且通过跨流程融合实现知识的发现与利用。客户大数据从数据向知识转化需要依赖大数据分析技术、跨流程知识集成管理机制。构建跨流程客户知识管理框架，如图 2.2 所示。

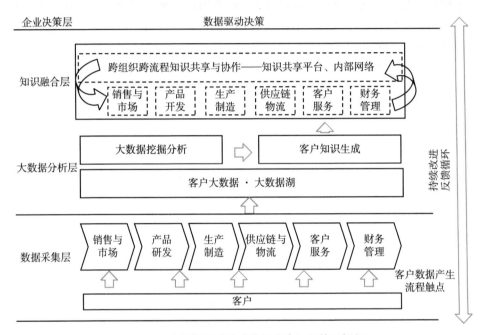

**图 2.2 大数据驱动的跨流程客户知识管理框架**

（1）数据采集层。企业在数据采集层建立数据收集机制，在各种接触点捕获客户数据，包括销售交易、营销活动、产品使用、客户交互和金融交易等数据，如图 2.1 所示。将不同来源和流程的客户数据集成到客户大数据数据湖中，并通过数据清理和规范化过程保障数据质量和一致性，以便于进行进一步的大数据挖掘和分析。

（2）大数据分析层。应用大数据分析技术，如数据挖掘、机器学习和预测分析，从集成的客户数据中提取有价值的信息，经过加工转化成客户知识。例如，使用先进的分析算法来发现模式、趋势和客户行为、偏好以及跨销售和营销、产品开发、供应链和物流、客户服务和财务管理流程的需求之间的相关性等。

（3）知识融合层。通过建立一个知识共享平台或内部网支持知识共享与协作，建立共享机制来促进跨流程、跨部门、跨团队之间的客户知识交流与分享。例如，基于共享平台，一方面，开发知识分享与转移工具，通过工具的使用鼓励利益相关者之间的协作和沟通，分享最佳实践、经验教训和客户知识驱动的策略；另一方面，建立跨职能团队或委员会，负责监管整个企业中客户知识的集成和利用，促进知识转移和跨职能协作，以确保在一个流程中产生的客户知识在其他流程中得到共享和利用。

（4）企业决策层。基于客户知识管理机制的支持，企业决策层基于大数据做出精准决策，并考虑增强整个企业以客户为中心的战略。

（5）持续改进和反馈循环。基于数据采集层、客户大数据分析层、知识融合层和企业决策层的有机组合，建立持续改进和反馈循环机制，不断优化数据采集、挖掘、知识生成、知识融合，从而更好地支持企业决策。

# 2.3　客户知识融合创新理论基础

2.2 节分析了一般情况下大数据驱动的企业客户知识管理概念框架，但并没有考虑供应链情境下，特别是 C2B 供应链情境下的客户知识融合创新的框架，本节致力于讨论这一情况。

C2B 供应链，是指客户或消费者在塑造和推动供应链方面发挥积极作用的供应链模型。在传统的供应链中，企业根据对客户需求的理解来决定产品、服务和流程。然而在 C2B 供应链中，权力发生了动态变化——权力向供应链下游转移，客户成为需求的直接发起者，他们具备了向企业直接发起需求信息，甚至订单的权力。客户有能力根据自己的具体要求和偏好定制产品或服务，他们可以直接与企业互动，提供反馈、想法，甚至设计自己的产品。这种以客户为中心的做法也推动了企业快速响应客户个性化、多样化的需求。

在 C2B 供应链中，客户被赋予更大的权力，他们通过发起需求、定制产品和影响企业的业务决策参与到供应链管理中。这种客户在不同程度、不同层面的参与，一方面，必然要求供应链快速响应客户需求；另一方面，也促成了客户参与协同创新模式的形成。客户不再是产品和服务的被动接受者，而是主动参与者，而大数据技术的发展更进一步强化了这种趋势。数字平台、电子商务、社交媒体的激增使客户在一天 24 小时，全球范围内联系、分享和相互影响，这些技

27

术为他们提供了表达意见、定制产品和个性化体验的手段，权力向供应链末端的客户转移。客户也从被动的消费者转为积极的参与者，他们共享自己的知识、想法和偏好，参与产品设计、营销和管理创新，从而形成大数据驱动的 C2B 供应链客户知识融合创新模式。

大数据驱动的 C2B 供应链客户知识融合创新分析基于以下基础理论。

（1）资源基础观（resource-based view，RBV）。RBV 提出企业应该拥有和发展有价值的、稀有的、不可模仿的和不可替代的资源和能力，以实现可持续的竞争优势。有价值的资源和能力使企业能够为客户创造价值，并使自己从竞争对手中脱颖而出；稀有性保证了资源不容易被其他人获得；不可模仿性，是指竞争对手无法轻易复制或模仿该资源或能力；不可替代性意味着没有现成的替代品可以取代企业的独特资源（Wernerfelt，1984；Peteraf，1993；Ahuja & Katila，2004）。大数据驱动的客户知识是企业利用自身的大数据技术优势从数据中挖掘出来，形成的独特知识。由于资源、技术的不同，不同企业内在资源管理和利用机制的不同，所获得的客户知识资源也因此各有不同，从而可以成为企业独特的知识资产。这种资产也能够随着公司动态能力的变化而改变，动态能力强，公司知识资源编排能力增强，其客户知识创新作用也随之增强。

（2）社会交换理论。社会交换理论的提出是基于社会学和心理学理论，它假设人们参与社会互动的期望是获得回报和最小化成本，并以个人或群体之间的资源交换来解释社会行为。早在 1961 年，社会心理学家乔治·霍曼斯（Homans，1961）出版了《社会行为：其基本形式》一书，其指出社会行为是一系列奖惩交换的结果，彼得·布劳（Blau，1964）将这种交换扩展到复杂的群体，并指出社会资源的分布不平等导致交换过程中出现了权力地位的分化。在此基础上，"权力依赖关系"概念、网络交换理论等交换理论进一步为分析人们的交换行为提供了分析依据（Emerson，1972a，1972b；Markovsky et al.，1988；Moody，2001）。在 C2B 供应链中，社会交换理论帮助我们理解客户与企业之间的动态关系。客户通过数字平台、电子商务渠道、社交媒体等反馈信息、发表评论、分享观点，产生各种内容，形成客户大数据，这些大数据传递着客户的偏好、评论和建议，不仅影响了客户自身，也影响了企业声誉、回报和企业决策。这体现了社会交换理论的互惠动机、回报和成本观点、权力和影响力以及关系发展理论。客户提供反馈和建议时是带着公司回应期望的，希望公司改进服务、提供新产品，或在公司产品形成中拥有发言权等。公司重视客户的声音也是给予客户发言权和影响力的回报，这加强了企业与客户之间的关系，这种互动和互惠推动了企业产品或服务的改进与创新，使企业决策更加明智。

（3）信息不对称理论。信息不对称理论揭示了掌握信息充分的一方往往处于有利地位，信息缺乏一方则处于不利地位，掌握信息一方可以通过信号传递减少信息不对称而获利，而缺乏信息一方则需要努力从另一方获取信息（Akerlof，1970；Spence，1973；Stiglitz & Weiss，1981；Stiglitz，2002）。科技与互联网的迅速发展使客户有更多的渠道获取信息，如在线平台、评论网站、社交媒体等，他们通过这些数字渠道收集信息、比较产品、阅读评论、分享观点，从而减少了公司和客户之间的信息不对称，市场的透明度增加、产品知识的丰富和表达意见影响他人的话语权也增强，这些赋予了客户更多的权力和影响力。与此同时，市场竞争的压力也迫使公司不得不重视客户的力量，与客户协作创新以保障自身的竞争优势。

（4）技术接受模型（technology acceptance model，TAM）。TAM是一个被广泛认可的框架，用户使用技术的意图受两个主要因素，即感知有用性和感知易用性的影响，用于理解和预测用户对技术的接受和采用情况（Chuttur，2009）。在C2B供应链中，TAM提供了关于技术进步如何赋予客户权力并增加其权力和控制的理解。当客户认为技术对满足他们的需求和目标有用时，他们更有可能接受和参与技术（Chu，2011）。电子商务平台和移动应用等技术的进步为客户提供了便利和个性化的体验。客户可以轻松地浏览产品、比较价格、阅读评论、购物和跟踪订单。这种增强的便利性和提高的效率增加了客户体验的价值，也增强了他们对技术的感知有用性。用户友好的界面、直观的设计和简化的结账流程有助于客户感知易用性。客户更倾向于采用和利用用户友好的、直观的、需要最少努力的技术。例如，移动应用程序通常具有精简的界面和简单的导航，使客户可以方便地浏览产品、下订单和管理他们与公司的互动。通过提供被认为有用且易于使用的技术，在C2B供应链中，公司便在有意无意的互动中赋予了客户更大的控制权和权力。例如，通过技术简化购买过程，使客户不受传统实体店的限制，可以随时随地购物，可以接触到各种各样的产品，并比较价格；公司还可以了解客户偏好、购买历史和浏览行为，从而量身定制推荐、促销、通知等以实现个性化体验；技术的易用性和有用性也使顾客获得详细的产品信息、顾客评论和评分，以研究产品，比较功能，评估卖家的声誉，使他们能够对自己的购买选择有更多的控制权；与此同时，客户可以通过聊天机器人、社交媒体、电子邮件等多种渠道提供反馈、查询、寻求支持，促进客户与企业之间无缝沟通。因此，在C2B供应链中，技术进步改变了客户体验，提供了便利、个性化体验、信息获取和改进的沟通渠道，这赋予了客户更大的权力，使他们能够控制与供应链中企业的互动。

（5）顾客赋权理论（customer empowerment theory）。数字技术的变革为客户在线发声提供了可用性、易用性，同时也增强了他们获得更多权力的信念（Bandura，1977），而企业通过环境设计、个性化互动、信息共享、共同创造价值和建立关系向顾客赋权，以获得更多客户信息、知识，吸引顾客参与创新。在互联网与数字环境下，客户可以获取大量信息，具有更加广泛的选择，也能积极参与到企业的运营过程和价值创造过程中去。例如，客户获取大量信息用以研究产品、对比价格、分析评论，以找到最适合自己的特定需求和偏好的产品，进一步分享产品的体验、使用意见，提供反馈，表达担忧和满意的情绪，从而影响企业的声誉、市场，甚至产品或服务的创新。当客户的声音对市场产生重大影响时，就形成了赋权行为，实际上，领先客户与群体客户的行为已体现了顾客赋权理论的作用。因此，客户通过对信息的访问、更广泛的选择、积极的参与、透明度和共同创造的机会等获得了权力。随着客户变得更有见识、更有发言权以及更投入，企业需要调整自己的策略来满足客户的期望，提供个性化的体验，并在信任和共同价值的基础上建立牢固的关系。

（6）创新扩散理论。创新扩散理论是美国学者埃弗雷特·罗杰斯（Rogers，1962）20世纪60年代在《创新的扩散》一书中提出的。罗杰斯认为，创新是"一种被个人或其他采用单位视为新颖的观念、实践或事物"；创新扩散，是指一种基本的社会过程，在这个过程中，主观感受到的关于某个新主意的信息以一定的方式随时间在社会系统的各种成员间进行传播的社会构建过程（Rogers，1962；Rogers et al.，2014）。创新扩散包括五个阶段，即了解、兴趣、评估、实验和采纳阶段。创新扩散模型将创新的采用者分为革新者、早期采用者、早期追随者、晚期追随者和落后者。创新扩散过程由创新、传播渠道、时间和社会系统四个要素构成，其中传播过程为重要环节，可以用一条"S"形曲线来描述。在C2B供应链客户知识融合创新的过程中，大量客户构成的客户群体对创新的兴起、传播起到了推动、扩散的作用，数字技术和人际传播的结合加速了知识的融合创新。

# 2.4　研究框架

## 2.4.1　研究思路

基于基础理论的支撑，本书遵循问题导向（数据"孤岛"与利益割据）和目标导向（融合创新机制）相结合的原则，按照"提出问题→分析原因与障碍→提出融合机制→对策研究" 的基本思路展开研究, 如图 2.3 所示。

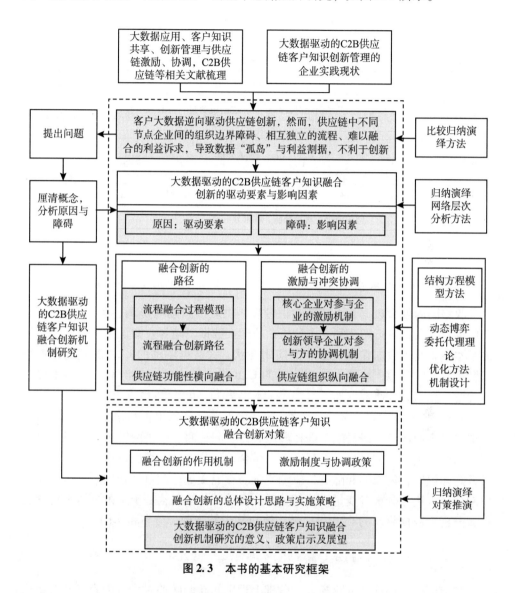

**图 2.3　本书的基本研究框架**

## 2.4.2　研究方法和过程

为了提高研究结果的外部效度, 本书拟采用归纳演绎、问卷调研、结构方程实证和委托代理理论、博弈论等多种方法，兼顾定性研究与定量研究、横断层与纵断面研究。本书分为四个阶段开展研究，见表2.3。

表 2.3　　　　　　　　　　研究方法和所要解决的研究问题

| 研究方法 | 对应章节 | 数据/资料分析方法 | 软件/工具 |
|---|---|---|---|
| 文本分析 | 1、2、3、4 | 采用归纳演绎对文献资料、数据资料进行质性文本分析 | Python、Visio、Excel |
| 问卷调研 | 2、3、4 | 描述统计、EFA、CFA、相关分析、方差分析、路径分析 | Spss、Mplus |
| 数理建模 | 3、5、6 | 网络分析法、委托代理理论、动态博弈、机制设计 | Super decisions、Matlab |
| 对策研究 | 7、8 | 归纳演绎、对策推演、政策分析等 | |

### 2.4.2.1　文本分析阶段

收集国内外大数据、供应链知识管理、供应链激励与协调、客户知识管理、企业创新等文献进行阅读和文本分析；梳理大数据驱动客户知识管理与创新的相关基本概念及大数据在供应链中的应用现状，大数据驱动的 C2B 供应链客户知识管理发展状况等；厘清大数据驱动的 C2B 供应链中客户知识融合创新中存在的问题；提出基本研究框架。这构成了本书第 1、第 2 章的主要内容。

在第 3、第 4 章的文本分析中，不仅基于文献、二手资料进行了文本分析，还拟定了企业访谈调研提纲，选择典型客户、制造商、销售商等供应链成员进行深度访谈。进而在文献分析的基础上，结合访谈分析，归纳出供应链创新节点进行客户知识融合的原因和障碍，驱动变量与影响变量；针对影响因素，进一步采用网络分析法，分析各变量之间的关系并设计评价体系；基于文献分析和访谈资料，分析大数据驱动的 C2B 供应链中客户知识的来源、分布和作用。

### 2.4.2.2　问卷调研阶段

在前面企业访谈和文献梳理的基础上理出问卷调研的对象、内容，并对供应链成员展开问卷调研。第 2、第 3、第 4 章的研究均对问卷调研结果进行了分析，其中，第 4 章的研究主要基于问卷调研。

第 2 章中大数据驱动的客户知识来源及跨流程管理、第 3 章大数据驱动的 C2B 客户知识融合创新驱动要素和影响因素的归纳不仅基于访谈的结果，也参考了问卷调研的结果。

第 4 章通过调研数据，分析出关键变量对 C2B 供应链客户知识融合创新的作用路径，建立结构方程模型，实证分析大数据驱动变量、客户知识融合创新变量与创新变量之间的结构、关系，剖析作用路径与机制。

### 2.4.2.3　数理建模阶段

基于委托代理理论与动态博弈理论，建立数理模型研究在客户知识融合创新过程中供应链核心企业发起者或先动者对后动者选择空间的影响、决策的影响，参与者或后动者对发起者或先动者的反应对策。

第 5 章通过委托代理理论设计契约，针对众多客户知识优势方或参与者拥有异质知识和不同利益引起的信息不对称问题，研究核心企业作为委托人对非核心企业代理人的激励以及代理人面对激励的反应决策空间。

第 6 章通过动态博弈理论，基于集中决策模型、分散决策模型建立动态协调模型，设计协调机制，研究了大数据驱动的 C2B 供应链中创新领导者与参与者之间的利益协调决策。

### 2.4.2.4　对策研究阶段

第 7 章和第 8 章在前述驱动因素、影响因素、融合创新路径、激励与协调研究的基础上，采用归纳演绎、对策推演、机制设计思想等提出大数据驱动的 C2B 供应链客户知识融合创新的驱动机制、作用路径、实现机制的框架体系，探讨政府部门、行业、企业指导或参与融合创新的政策、策略与方法；探讨大数据驱动的 C2B 供应链客户知识融合创新机制研究对社会、对企业的意义和对政府的政策启示，并提出未来的研究展望。

# 2.5　本 章 小 结

本章在厘清客户知识概念和内涵的基础上，对大数据驱动的客户知识管理从来源、跨流程聚合、跨流程管理进行了研究，并提出了大数据驱动的 C2B 供应链客户知识融合创新的研究框架。

基于对客户知识概念的分析，本书的客户知识，是指企业或企业联结体（如供应链等）对市场终端客户或用户（包括企业客户、个人客户）获取的数据和信息进行整理、分析、提炼、转化而形成的较系统的经验、概念、观点及洞察力的有机组合，能够对企业乃至供应链的决策提供参考或支持的价值系统。

在大数据环境下，客户知识的来源、技术提取、管理过程等与传统情形存在显著的差异。在大数据环境下，客户知识来源渠道多样化，来源主体多元化、数据复杂化。在传统情况下，客户数据主要是交易数据、客服人员与客户的交流记录、CRM 系统、售后服务系统；而在大数据环境下，客户大数据更多的来源于社交媒体、客户在线行为轨迹、客户在线评论、反馈、投诉、物联网数据、移动设备数据、在线互动数据等，这些数据是文字、图片、语音、视频、音频、地理轨迹等；在供应链中，数据主体可以是终端客户、零售商、销售商，甚至制造商中的用户、工作人员、团队或其他组织。因此，面对这些前所未有的多样复杂的数据，从供应链的角度来看，要从中提取客户知识，首先需要厘清供应链中存在什么样的客户数据，分布在哪些流程，如何进行获取。因此，本章通过跨流程的客户大数据分析提出了企业跨流程的客户大数据聚合思路和大数据驱动的跨流程客户知识管理框架。供应链中的客户大数据主要在供应链销售、产品研发、生产制造、供应链物流、客户服务、财务管理等流程中流动、聚合，通过大数据技术发现客户知识并加以利用。大数据驱动跨流程的客户知识管理，首先通过客户数据产生的流程触点进行客户大数据的采集，采集后形成客户大数据池，然后与其他数据一起构成大数据湖，通过大数据分析，生成客户知识，进而通过知识融合创新平台进行跨组织跨流程知识共享与协作，最终实现创新。

在上述分析的基础上，本章进一步提出大数据驱动的 C2B 供应链客户知识融合创新的理论基础和研究框架。资源基础观、社会交换理论、信息不对称理论、技术接受度模型和顾客赋权理论、创新扩散理论等均是本书的基础理论。在这些理论的指导下，本章提出了"提出问题→分析原因与障碍→提出融合机制→对策研究"的基本思路，并采用文献、二手资料、一手资料和数据的文本分析方法、网络分析法、委托代理理论、动态博弈理论、机制设计、对策推演等方法对大数据驱动的 C2B 供应链客户知识融合创新机制进行研究，并陈述了运用这些研究方法对相关内容进行研究的基本过程。

# 大数据驱动的 C2B 供应链客户知识融合
# 创新驱动要素与影响因素

C2B 供应链比以往任何的供应链更依赖于客户数据来推动产品的创新，也更依赖于数据驱动的决策。基于此，本章致力于探索大数据驱动的 C2B 供应链客户知识融合创新的主要驱动要素和影响因素。

## 3.1 大数据驱动的 C2B 供应链客户
## 知识融合创新的驱动要素

随着互联网技术和数据科学的发展，几乎所有领域都受到了大数据的影响，使各行各业面临转型、升级。在大数据环境下，数据成了生产要素，一方面，这肯定了数据本身的重要价值；另一方面，也说明数据像土地、劳动或技术生产要素一样，不能单独自己产生价值，需要通过一系列劳动、技术和管理等共同作用才能创造价值。从客户知识管理的角度来看，数据只有先成为知识，进而才能创造新价值，最终提升企业或组织的竞争能力。为了奠定客户数据如何成为知识、如何创造价值的研究基础，首先，我们要分析客户知识融合创新的驱动要素。从数据—知识—创新过程，客户—供应链跨组织角度来看，主要驱动要素可以分为技术驱动要素、政策驱动要素、市场驱动要素与消费者驱动要素四个方面。

（1）技术驱动要素。技术驱动 C2B 供应链客户知识融合创新。在技术驱动下，供应链各节点产生了大量数据（见 2.2.2 客户知识来源），这些数据具有大数据量大、多样化、高速率和可挖掘价值大的特征，它们分散化、碎片化地分布在供应链各处。信息技术的发展催生了客户大数据，同时，大数据挖掘分析技术的进步使收集、整理、挖掘分析和利用这些数据成为可能。大数据技术被用来收集、存储和处理来自供应链各处的大量结构化、半结构化、非结构化的异质数据。例如，在线交易记录、在线平台评论评级、客户交互数据、社交媒体数据等，包括文本、图像、视频、音频和传感器生成的数据。通过有效收集、处理和分析这些数据，如将大数据技术与人工智能算法相结合，采用机器学习、深度学习和自然语言处理等技术分析客户行为、偏好、互动和情绪等数据，以发现客户数据中隐藏的相关性和模式；实时技术，如实时监控客户交互、市场趋势；协同协作技术，允许客户参与到企业的创新过程中，持续提供知识来源。由此可见，技术要素在从数据产生到知识形成、利用的整个过程中产生了至关重要的作用，推动了基于客户知识的供应链融合创新。

（2）政策驱动要素。以数据为核心的数字经济是当今世界经济发展的核心领域，我国要牢牢掌握数字技术发展的主动权，把握新一轮科技革命和产业变革的发展先机。2014 年，中国《政府工作报告》首次将大数据写入《政府工作报告》；2015 年，国务院发布《促进大数据发展行动纲要》，提出"推动大数据在工业研发设计、生产制造……市场营销……产业链全流程各环节的应用"；2017 年，国务院在《关于深化"互联网＋先进制造业"发展工业互联网的指导意见》中指出"实现产业上下游、跨领域的广泛互联互通，打破'信息孤岛'，促进集成共享"，《关于积极推进供应链创新与应用的指导意见》指出"创新发展供应链新理念、新技术、新模式，高效整合各类资源和要素，提升产业集成和协同水平，打造大数据支撑、网络化共享、智能化协作的智慧供应链体系"；2019 年，党的十九大提出，推动互联网、大数据和实体经济深度融合，同年，《中共中央关于坚持和完善中国特色社会主义制度、推进国家治理体系和治理能力现代化若干重大问题的决定》首次将"数据"列为生产要素；2020 年，《中共中央、国务院关于构建更加完善的要素市场化配置体制机制的意见》首次将数据作为一种新型生产要素写入中央文件，与土地、劳动力、资本、技术等传统要素并列；2022 年，党的二十大再次强调，加快发展数字经济，促进数字经济和实体经济深度融合，创新是第一动力，提升产业链供应链韧性；2022 年 1 月，国务院印发了《"十四五"数字经济发展规划》，从顶层设计上明确了数字经济及其重点领域发展的总体思路、发展目标、重点任务和重大举措；2022年12月，中共中央、国务院印发《关于构建数据基础制度更好发挥数据要素作用的意见》（以下简称"数据二十条"），通过"一条主线、四项制度、四项措施"，充分实现数据要素价值、促进数字经济发展。由此可见，党中央、国务院高度重视大数据在推进我国经济社会发展中的重要地位和作用，自大数据被写入政府工作报告后，逐渐成为各级政府关注的热点问题，从中央到地方，各部门出台了一系列政策，支持和鼓励大数据产业的发展。由此可见，国家数据战略、创新战略和政策的激励是C2B供应链客户知识融合创新的驱动要素。

（3）市场竞争驱动要素。市场竞争力是企业利用自身的资源、能力和战略，在市场中进行有效竞争的能力。市场和企业的资源是有限的，如何有效分配资源影响企业在市场上的地位。数据作为一种生产要素，既是市场资源，也是企业资源，企业从数据的获取开始就展开了市场争夺。一方面，市场中不断产生大量客户数据，且这些客户数据蕴藏着巨大的商业价值；另一方面，企业要赢得客户和领先竞争对手，就需要收集企业内部和外部的各种数据，包括客户数据、市场数据、社交媒体以及第三方数据提供方提供的数据，建立企业独有的数据处理、挖掘利用机制。而建立差异化的数据资产和数据利用机制单单依靠一个企业的力量是不够的，市场竞争的压力也使企业可以以供应链的形式链接起来，将客户和各节点企业组织起来，从而建立数据治理平台，进而赢得竞争优势。

（4）消费者驱动要素。第2章阐明了大数据时代随着数字技术的发展和应用，权力向供应链下游转移，与过去相比，客户具有越来越大的权力，能够在市场中发声，并占有一席之地。消费者个性化、多样化的诉求，消费者通过在线平台、社交媒体及其他数字渠道发表自己的评论、见解和建议，一方面，他们相互影响，用自己的声音影响他人的决策，他们的声音足够大时可以影响企业的声誉，甚至改变企业的决策，这使企业不得不重视客户的见解、评论和建议；另一方面，他们在数字平台上自由生产内容，表达自己的想法、反馈和建议，用自己的方式与企业互动等，由此产生了大量的客户数据，这些客户数据具有巨大的潜在价值。因此，消费者赋权和消费者大数据也是驱动供应链知识融合创新，尤其是C2B供应链客户知识融合创新的要素。

# 3.2 大数据驱动的 C2B 供应链客户 知识融合创新的影响因素

从数据—知识—创新过程，客户—供应链跨组织的角度来看，技术、政策、市场与消费者四大驱动要素推动了 C2B 供应链客户知识融合创新。然而，在核心企业开展客户知识融合创新的过程中，客户数据也只有与企业的其他数据，如研发数据、生产数据、供应数据等融合才能完成一个创新过程，这个过程又受核心企业哪些因素的影响呢？本节从供应链企业间知识共享的角度出发，对这一问题进行研究。

## 3.2.1 影响因素识别

随着信息技术和经济社会的交汇融合，数据已成为企业的基础性战略资源，且显著影响着企业未来的发展。麦肯锡公司（McKinsey & Co.）指出大数据是创新、竞争和生产力的下一个前沿。牛津经济研究院最近的一项调查发现，49%的供应链领导者（前12%的受访者）可以捕捉实时数据洞察并立即采取行动，而51%的供应链领导者使用人工智能和预测分析来捕捉洞察。然而，大数据在供应链中的应用还有诸多问题待解决。据麦肯锡公司的观点，尽管分析有很多好处，但近60%的企业在其供应链中没有足够的可见性，供应链管理中进行数据分析面临的挑战之一就是公司缺乏收集和评估数据的方法。同样，中国信通院发布的《中国大数据发展调查报告（2017）》显示，"数据资源短缺"问题是企业推进大数据应用最突出的障碍之一，42.6%的企业受其困扰。究其原因，企业目前的大数据资源主要分布在不同企业，形成了数据"孤岛"，没有联结融合，"协同效应"还没有发挥出来，创新应用受限。供应链企业间的知识共享作为高效率协同手段的重要推进力，是促进企业间合作创新的关键，有利于供应链整体竞争力的提升。然而，在大数据环境下，从客户知识管理角度来看，影响供应链企业知识融合创新的关键因素有哪些，企业又依据何种指标体系进行因素识别，对此的研究尚处于探索阶段。

现有文献主要集中于大数据在供应链中的应用研究。欠斌等（Chehbi – Ga-moura et al.，2020）通过回顾83项关于供应链管理中大数据分析方法的文献，又基于供应链运营参考模型（SCOR）生成了一个 SCOR‑BDA 矩阵，强调需要在 SCM 中更智能地使用大数据。马赫什瓦里等（Maheshwari et al.，2020）回顾了 58 项关于 BDA 在供应链管理、物流管理和库存管理中的作用的研究。奥格布克等（Ogbuke et al.，2020）分析了 120 项与供应链中的大数据应用及其为组织和社会带来的好处相关的研究。与此同时，古普塔（Gupta et al.，2016）评估了 28 项关于大数据和人道主义供应链的研究，以提供现有研究结果的鸟瞰图，并根据组织理论提出未来的研究领域。阿可特和万巴（Akter & Wamba，2019）研究了 76 项关于大数据在灾害管理中应用的研究，以全面了解其在救灾中的作用。这些研究从不同角度对大数据在供应链中的应用进行了探索，但较少涉及大数据应用中供应链的知识，包括客户知识该如何有效识别、共享和评价。

供应链客户知识融合创新的关键是供应链客户知识共享，目前的文献研究了企业间知识共享的重要性、作用、影响因素、共享机制等方面的问题。丰田公司建立供应链知识共享网络提升了供应链整体绩效，它也被广泛地认为是供应链知识共享的典型案例（Dyer & Noboek，2000；Dyer & Hatch，2004）。威利斯（Willis，2016）指出，获取有关客户、供应商和其他供应链节点知识的能力是学习型组织的一个重要方面。比奥托（Biotto，2012）的研究发现，供应链中的客户知识和文化传播能够驱动产品质量改进。莫朗特（Albort‑Morant，2018）指出，组织通过共享知识，包括客户知识可以提高绿色创新绩效。阿杜等（Ado et al.，2017）认为，企业间的知识转移效果受到文化、社会资本与非正式沟通因素的影响。赛诺斯（Tsanos，2016）通过调查和数据分析得出，信任、承诺和互助有利于形成具有更高信息整合效率的供应链关系。伍尔夫和布特尔（Wulf & Butel，2016）经研究发现，业务网络中的协作关系结构有助于企业提高创新能力和竞争优势。杨等（Yang et al.，2019）认为，供应链企业间可以通过建立学习型组织进行知识共享。沈（Shen，2019）分析了供应链企业间知识共享的激励与道德风险问题。上述文献从客户知识的作用、客户知识共享对企业及供应链绩效的影响、知识共享机制等方面对供应链中的知识共享研究做出了贡献，但并没有考虑在大数据对供应链的冲击下，供应链企业进行客户知识融合创新受哪些因素的影响。相对少量文献对大数据背景下的供应链知识融合创新影响因素及知识共享进行了研究。例如，纳瓦纳等（Narwane et al.，2021）通过对 40 家印度制造业公司进行调查发现，通过实时信息共享能够提供更好的控制、应急管理和协调，通过大数据分析可以预测和预测分析，可以提供风险改变、产品故障和预防措施。可汗（Khan，2019）在研究影响服务供应链中大数据实施的挑战时，指出大数据分布在不同利益相关者中，共享和进行大数据开发利用需要花费巨大成本，需要各利益相关者共同努力，解决技术、道德、协同等问题。费拉里斯等（Ferraris et al.，2019）验证了知识管理能够促进和放大大数据分析对公司绩效的提升和规避风险。由此可见，人们对大数据环境下供应链知识融合创新中的知识共享的重要性和必要性有一致的认识，但没有考虑客户知识介入下的融合创新的情况。在客户大数据驱动下，如何识别具体的影响因素，并辨识这些影响因素在融合创新关键环节知识共享中的关系，以及如何评价这些影响因素还有待进一步研究。基于此，本节将从大数据应用的视角出发，针对大数据驱动的 C2B 供应链中客户知识融合创新所需要具备的大数据运用能力、协同创新能力及供应链的网络特性，构建供应链企业间客户知识共享影响因素体系，并分析它们之间的关系和构建因素评价体系。

随着科学技术的发展和进步，大数据呈现的大容量、高速率、多样性、低价值密度（价值可挖掘性）的特征，使大数据应用过程中的供应链呈现与传统供应链迥异的特点，主要表现为供应链对应的价值链升级为以核心企业为平台的知识网络。供应链知识网络中的参与者更多，且各节点企业与客户之间的交互关系更加错综复杂，数据与知识的共享以及创新的内在机制和激励安排相比过去也存在显著的差异。根据国内外相关文献研究、企业访谈，我们发现知识网络结构特征、协同创新环境、大数据获取与分析能力、客户知识协同能力、客户知识创新能力构成供应链企业客户知识融合创新的五大重要因素。

（1）知识网络结构特征。大数据技术的应用使供应链由过去的价值链进化到知识网络。由节点（企业等知识主体）和节点间连线（知识主体间的关系）构成的知识网络能够扩大知识流动的范围和速度，进而促进知识的共享和创新（Phelps et al.，2012；Büchel & Raub，2002）。因此，分析知识网络结构特征对促进知识网络知识的流动有积极的意义。网络规模描述了网络的大小和网络连接数，用节点总数和节点度数两个指标进行衡量。显然，网络的节点数和连接关系越多，则网络规模越大，节点间相互沟通的机会增多，知识流动更加迅速（Hill & Dunbar，2003；Håkansson & Ford，2002；Kunegis，2013；Xie et al.，2016）。平均路径长度是所有节点距离的平均值，衡量了知识在节点间流动的速度、深度和成本，平均路径越短，知识流动越迅速和频繁（Markovsky et al.，1988）。聚类系数描绘了知识网络的密度，网络越稠密，知识流动路径越多，节点合作越紧密，资源覆盖面也越大（Phelps et al.，2012）。节点度分布是每个节点和其他节点连接数量的分布规律，由此可以确定知识网络的类型（Phelps et al.，2012；Xie et al.，2016）。网络稳定性和节点数量的多少以及节点间关系的变化有关，稳定的网络结构可以提高知识的流动效率（Phelps et al.，2012；Willer，1999）。

（2）协同创新环境。知识主体协同创新环境的差异，很大程度上决定着它们的知识协同创新效应，一个良好的知识协同创新环境会对知识共享产生正向作用（Navimipour & Charband，2016）。影响节点企业的协同创新环境的主要因素包括企业的知识员工比例及受教育程度、员工的培训力度、企业协同创新积极程度（主要受文化导向影响）、组织扁平化程度等，这些因素从数据与知识的挖掘、创造及运用等方面影响着供应链的协同创新（Navimipour & Charband，2016；Castaneda & Cuellar，2020；Wang & Hu，2020）。

供应链节点企业的知识员工比例和平均受教育程度与协同创新过程中，企业将大数据提取为信息，各节点企业间知识的交互融合与提炼有效信息在创新活动中的应用能力成正比（Cerchione & Esposito，2016）。员工培训为员工提供了一个知识交流的平台，不仅对提升员工自身工作实力和技能有重要作用，也间接影响企业的知识获取和创新能力（Szeto，2000，Børing，2017）。企业协同创新的积极程度反映了领导鼓励知识共享行为的情况，企业是否营造了一个良好的知识共享氛围，员工是否有强烈的知识协同创新意愿。组织扁平化程度是传统以"金字塔"形为代表的决策结构被企业管理网络化、权力分散化和人本管理替代的程度。从决策权的分配来看，没有将决策权限分给适宜的角色是企业决策效率低的原因，而大数据下的决策环境的复杂性、时效性和广分布性使分散式决策逐渐成为大数据下决策的主要形式（Khan & Vorley，2017），因而影响了供应链企业的协同创新能力。由于大数据环境要求企业间更加紧密地进行知识协作，供应链网络演变为以知识协作或协同为基础的价值共创型网络（Brinch，2018），设计合理合作激励合同有利于促进电子服务供应链企业间的知识共享（Liu et al.，2015），因而本书以激励关系作为重要指标，在进行具体分析时，通过强关系激励（正式契约激励、由正式合同分配利益等）和弱关系激励（无正式合同的关系激励）两方面对企业做出评价。

（3）大数据获取与分析能力。大数据的出现颠覆了传统数据处理的一系列技术，相比传统的数据库系统，因获取方式改变导致的数据规模迅速扩大，使数据库系统的索引、查询和存储都面临着严峻考验（Mayer‐Schönberger & Cukier，2013），传统的数据分析方法也无法快速完成对大数据的分析（Russom，2011a，2011b；Wamba，2015）。针对规模大、速度快、数据多元且价值密度低的大数据，本书将数据获取与分析能力（Gupta & George，2016；Mikalef，2018）分为大数据的采集能力、存储能力、挖掘能力以及智能分析能力。

大数据的采集能力是处理不同领域大数据的特点、数据量和数目不同而并发数高、流式数据速度快的能力。大数据的存储与改进的轻型数据库、大型分布式数据库或存储集群平台等有关，由大数据的异构性、结构多样性和大规模性导致。大数据的挖掘能力涉及数据的分类、聚类和频繁项挖掘等。智能分析能力则和导入数据量大、查询请求多的统计分析和分类汇总有关。

（4）客户知识协同能力。基于博格斯和韦斯特（Bogers & West，2012）、塞姆达（Samaddar，2006）等对知识协同的观点，本书从技术维度和组织维度两方面进行指标选取。科学技术的高速发展，使供应链企业间的空间距离不再是知识交流的障碍因素，大数据的技术平台和大数据的可视化效果可以更好地帮助企业提高知识的协同创新效率（Donalek et al.，2014）；作为知识流动主体的各企业在供应链知识网络中的节点位置不同，其获取客户知识的效率与质量也存在不同。

企业的大数据技术维度涉及企业的内联网、外联网、供应链企业开发和上线的大数据技术产品以及各种集成化管理信息系统等，如 ERP、MIS、CRM、SCM、KMS 以及 GPS 网络、物联网系统等（Sanders，2014）。此外，实现供应链客户知识协同所进行的客户大数据采集、存储、挖掘、分析和创新等活动都离不开技术平台的支持。大数据的可视化效果将数据挖掘及智能分析结果以简单友好、易于理解的形式呈现给专业人士，或成为企业间的信息交流，以使供应链企业间的客户知识协同更加高效。

组织维度衡量主要通过客户知识关联企业节点度来量化，它是网络中和该企业直接相连的邻居节点个数，也可用节点的度数、最短路径长度、作为其他节点之间中介的程度来刻画，该值反映了节点客户知识来源的情况、获取客户知识的难易程度和节点在知识网络中的地位和影响力（Phelps et al.，2012；Willer，1999）。

（5）客户知识创新能力。创新是企业发展和进步的动力源泉，供应链间的客户知识协同过程为企业提供了大量有效客户信息，而企业对该知识的利用和开发则决定了企业在市场中的竞争力（Craighead et al.，2009）。

客户知识的利用在某种程度上反映了企业对所拥有知识的应用能力，知识和数据不应用和创新就无法发挥其价值，从制造企业的角度来看，供应链客户知识的利用由制造商知识利用、客户知识利用两部分组成（Song et al.，2005；Onofrei et al.，2020）。

研发创新成功率和新产品开发效率是供应链研发效果最直接的检验，研发创新成功率可以通过顺利完成知识、技术等创新活动项目的比例来衡量，如企业的专利申请成功率、新产品市场占有率或新产品占销售额比例等（Damanpour，2019；Lee et al.，2019）；新产品开发效率可以以知识产品的创新周期等作为衡量指标。

　　由上述分析可见，供应链企业的客户知识融合创新影响因素有外部和内部两大类，外部代表的是供应链的知识网络结构特征，内部则是以企业间共同构造的协同创新环境为基础，企业的大数据获取与分析能力、客户知识协同能力为过程，客户知识创新能力为结果的逻辑结构，从而对供应链企业的知识融合创新做出全方位的系统评价（见图3.1）。

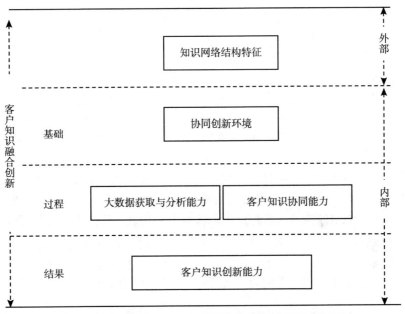

**图3.1　供应链企业知识融合创新影响因素及影响逻辑结构**

## 3.2.2　各影响因素之间的关系分析

　　本节基于 ANP 网络分析法（analytic network process），构建了由 5 个控制层维度和 21 个反映供应链企业知识融合创新能力的网络层指标构成的影响因素体系，供应链企业客户知识融合创新的 ANP 结构如图3.2 所示。

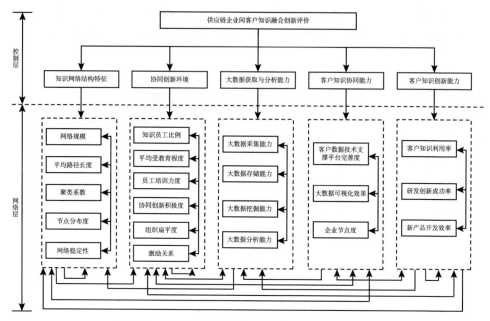

**图 3.2 供应链企业客户知识融合创新的 ANP 结构**

其中，模型的控制层由目标"供应链企业间客户知识融合创新评价"和五个准则 $P_1$，$P_2$，$\cdots$，$P_5$（知识网络结构特征、协同创新环境、大数据获取与分析能力、客户知识协同能力、客户知识创新能力）构成；受准则支配的网络层则由23个影响因素指标组成，是一个相互依存和反馈的网络结构。方框代表元素组 $C_i$，其中含有元素 $c_{i1}$，$c_{i2}$，$\cdots$，$c_{in_i}(i=1，2，\cdots，5)$。元素组之间的连线则表现了网络层内部循环且相互支配的层次结构，以及元素集内部存在的元素间的依赖性和反馈性。

本书采用间接优势度判定方法确定网络层元素的重要程度。以控制层 $P_k$ 为准则，元素组 $C_j$ 中的元素 $c_{js}$ 为次准则，对元素组 $C_i$ 中的元素按照其对 $c_{js}$ 的影响程度进行排序，由1~9标度法得到准则 $P_k$ 下的判断矩阵（$k$，$i$，$j=1$，$2$，$\cdots$，$5$，$s=1$，$2$，$\cdots$，$n_j$）。

首先，考虑网络结构中元素的相互影响关系（反馈或依赖），本书通过二维表形式的专家问卷，经小组讨论和专家调查后得出指标间的关联情况。调查结果如表3.1所示。

**表 3.1　供应链企业间知识融合创新指标关联情况调查**

| 影响因素 \ 被影响因素 | | 知识网络结构特征 $P_1$ | | | | | 协同创新环境 $P_2$ | | | | | | 大数据获取与分析能力 $P_3$ | | | | 客户知识协同能力 $P_4$ | | | 客户知识创新能力 $P_5$ | | |
|---|---|---|---|---|---|---|---|---|---|---|---|---|---|---|---|---|---|---|---|---|---|---|
| | | $C_{11}$ | $C_{12}$ | $C_{13}$ | $C_{14}$ | $C_{15}$ | $C_{21}$ | $C_{22}$ | $C_{23}$ | $C_{24}$ | $C_{25}$ | $C_{26}$ | $C_{31}$ | $C_{32}$ | $C_{33}$ | $C_{34}$ | $C_{41}$ | $C_{42}$ | $C_{43}$ | $C_{51}$ | $C_{52}$ | $C_{53}$ |
| 知识网络结构特征 $P_1$ | $C_{11}$ | | √ | √ | √ | √ | √ | | | | | | √ | | | | √ | | | √ | | |
| | $C_{12}$ | √ | | √ | √ | √ | | | | | | | √ | | | | √ | | | √ | | |
| | $C_{13}$ | √ | √ | | √ | | | | | | | | √ | | | | √ | | | √ | | |
| | $C_{14}$ | √ | √ | √ | | √ | | | | | | | √ | | | | √ | | | √ | | |
| | $C_{15}$ | √ | √ | | √ | | | | | | | | √ | | | | √ | | | √ | | |
| 协同创新环境 $P_2$ | $C_{21}$ | | | | | | | √ | √ | √ | √ | | √ | √ | √ | √ | | | | √ | √ | √ |
| | $C_{22}$ | | | | | | √ | | √ | √ | √ | √ | √ | √ | √ | √ | | | | √ | √ | √ |
| | $C_{23}$ | | | | | | √ | √ | | √ | √ | | √ | √ | √ | √ | √ | | | √ | √ | √ |
| | $C_{24}$ | | | | | | √ | √ | √ | | √ | √ | √ | √ | √ | √ | | | | √ | √ | √ |
| | $C_{25}$ | | | | | | √ | √ | √ | √ | | √ | | | | | | | √ | | | √ |
| | $C_{26}$ | | | | | | | √ | √ | √ | √ | | √ | √ | √ | √ | | | | √ | √ | √ |
| 大数据获取与分析能力 $P_3$ | $C_{31}$ | √ | √ | √ | √ | √ | √ | √ | √ | | | | | √ | √ | √ | | | | √ | √ | √ |
| | $C_{32}$ | √ | √ | √ | √ | √ | √ | √ | √ | | | | √ | | √ | √ | | | | √ | √ | √ |
| | $C_{33}$ | √ | √ | √ | √ | √ | √ | √ | | | | | √ | √ | | √ | | | | √ | √ | √ |
| | $C_{34}$ | √ | √ | √ | √ | √ | | √ | √ | √ | √ | √ | √ | √ | √ | | | | | √ | √ | √ |
| 客户知识协同能力 $P_4$ | $C_{41}$ | √ | √ | √ | √ | √ | √ | | | | | | √ | √ | √ | √ | | √ | √ | √ | √ | √ |
| | $C_{42}$ | √ | √ | √ | √ | √ | | | | | | | √ | √ | √ | √ | √ | | √ | √ | √ | √ |
| | $C_{43}$ | √ | √ | √ | √ | √ | | | | | | | √ | √ | √ | √ | √ | √ | | √ | √ | √ |
| 客户知识创新能力 $P_5$ | $C_{51}$ | √ | √ | √ | √ | √ | | | | | | | | | | | √ | √ | √ | | √ | √ |
| | $C_{52}$ | √ | √ | √ | √ | √ | | | | | | | | | | | √ | √ | √ | √ | | √ |
| | $C_{53}$ | √ | √ | √ | √ | √ | | | | | | | | | | | √ | √ | √ | √ | √ | |

调查说明：左列为影响因素，顶部元素为被影响元素；若左列元素对顶部元素有影响，则在相应空格打√。

通过表3.1指标关联的情况，本书分别设计了确定控制层指标和网络层指标相对重要性的调查问卷，为保障结果的准确性和科学性，对供应链企业的相关领导、骨干员工和经济学专家进行知识融合创新指标问卷的调查。通过选取评估小组打分值的众数即可得到控制层指标和网络层指标的判断矩阵。其中，判断矩阵中的每一个数值为行元素相对于列元素的重要程度，其数值采用 $1-9$ 标度法，即用9级梯度法构造矩阵，如表3.2所示。

表3.2                   $1-9$ 标度法

| 序号 | 重要性等级 | $C_{ij}$ 赋值 |
|---|---|---|
| 1 | $i$, $j$ 两元素同等重要 | 1 |
| 2 | $i$ 元素比 $j$ 元素稍重要 | 3 |
| 3 | $i$ 元素比 $j$ 元素明显重要 | 5 |
| 4 | $i$ 元素比 $j$ 元素强烈重要 | 7 |
| 5 | $i$ 元素比 $j$ 元素极端重要 | 9 |
| 6 | $i$ 元素比 $j$ 元素稍不重要 | 1/3 |
| 7 | $i$ 元素比 $j$ 元素明显不重要 | 1/5 |
| 8 | $i$ 元素比 $j$ 元素强烈不重要 | 1/7 |
| 9 | $i$ 元素比 $j$ 元素极端不重要 | 1/9 |

注：$C_{ij} = \{2, 4, 6, 8, 1/2, 1/4, 1/6, 1/8\}$ 表示重要性等级介于 $\{1, 3, 5, 7, 9, 1/3, 1/5, 1/7, 1/9\}$ 之间。

考虑判断矩阵对主观评价的高度依赖性，本书对判断矩阵进行一致性检验，即当判断矩阵的 $C.R. \leq 0.1$ 时，判断矩阵满足一致性要求，且对权重的估计属于可接受范围。表3.3为"知识网络结构特征 $P_1$"对准则层指标影响力大小的判断矩阵。

表3.3            知识网络结构特征 $P_1$ 的准则层影响力判断矩阵

| | 知识网络结构特征 $P_1$ | 大数据获取与分析能力 $P_3$ | 客户知识协同能力 $P_4$ | 客户知识创新能力 $P_5$ |
|---|---|---|---|---|
| 知识网络结构特征 $P_1$ | 1 | 2 | 3 | 5 |
| 大数据获取与分析能力 $P_3$ | 1/2 | 1 | 3 | 5 |

续表

| | 知识网络结构特征 $P_1$ | 大数据获取与分析能力 $P_3$ | 客户知识协同能力 $P_4$ | 客户知识创新能力 $P_5$ |
|---|---|---|---|---|
| 客户知识协同能力 $P_4$ | 1/3 | 1/3 | 1 | 2 |
| 客户知识创新能力 $P_5$ | 1/5 | 1/5 | 1/3 | 1 |

注：$C.R.=0.02427<0.1$，判断矩阵通过一致性检验。

在所有指标的判断矩阵均通过一致性检验后，根据特征根法可求出权重向量 $w_{ij}^s=(w_{j1}^{js}, w_{i2}^{js}, \cdots, w_{in_i}^{js})^T$。令 $S=1, 2, \cdots, n_j$，可得矩阵 $W_{ij}=(w_{ij}^1, w_{ij}^2, \cdots, w_{ij}^{nj})$，再重复 $i, j=1, 2, \cdots, N$，即可得准则 $P_k$ 下的超矩阵 $W'=(W_{ij})$，其子矩阵 $W_{ij}$ 的每列均为归一化值。由于准则 $P_k$ 下的超矩阵 $W$ 的每一列并不是归一化向量，因此考虑准则 $P_k$ 下每个元素组的相对重要程度，由此得到判断矩阵和对应的归一化特征向量 $(a_{k1}, a_{k2}, \cdots, a_{kN})$，取 $k=1, 2, \cdots, 5$，即可得加权矩阵 $A=(a_{ij})$ 与加权超矩阵 $W=A\times W'$，其中，加权超矩阵的各列和均为1。

通过上述步骤计算出的加权超矩阵 $W$ 中的元素 $w_{ij}$ 表示指标 $i$ 对指标 $j$ 的一次优势度，$W^2=\sum_{}^{N}W_{ik}W_{kj}(k=1, 2, \cdots, N)$ 为指标 $i$ 对指标 $j$ 的二次优势度。以此类推，若极限超矩阵 $W^{\infty}=\lim_{n\to\infty}W^n$ 存在，则其元素代表在准则 $P_k$ 下网络层中各元素的极限优势度。

运用 Super Decisions 软件即可生成供应链企业间客户知识融合创新评价模型的 ANP 超矩阵、加权矩阵和极限矩阵，并最终得出各指标的权重值，如表 3.4 所示。

**表 3.4          供应链企业间客户知识融合创新指标权重**

| 准则层指标 | 权重 $W$ | 网络层指标 | 局部权重 $W_1$ | 全局权重 |
|---|---|---|---|---|
| 知识网络结构特征 $P_1$ | 0.1033 | 网络规模 $C_{11}$ | 0.4048 | 0.0418 |
| | | 平均路径长度 $C_{12}$ | 0.2060 | 0.0213 |
| | | 聚类系数 $C_{13}$ | 0.1127 | 0.0116 |
| | | 节点度分布 $C_{14}$ | 0.1132 | 0.0117 |
| | | 网络稳定性 $C_{15}$ | 0.1633 | 0.0169 |

续表

| 准则层指标 | 权重 $W$ | 网络层指标 | 局部权重 $W_1$ | 全局权重 |
|---|---|---|---|---|
| 协同创新环境 $P_2$ | 0.2584 | 知识员工比例 $C_{21}$ | 0.1077 | 0.0278 |
| | | 知识员工平均受教育程度 $C_{22}$ | 0.1079 | 0.0279 |
| | | 员工培训力度 $C_{23}$ | 0.0836 | 0.0216 |
| | | 企业协同创新积极性 $C_{24}$ | 0.2207 | 0.0570 |
| | | 组织扁平化度 $C_{25}$ | 0.1404 | 0.0363 |
| | | 激励关系 $C_{26}$ | 0.3397 | 0.0878 |
| 大数据获取与分析能力 $P_3$ | 0.1611 | 大数据采集能力 $C_{31}$ | 0.2096 | 0.0338 |
| | | 大数据存储能力 $C_{32}$ | 0.2224 | 0.0358 |
| | | 大数据挖掘能力 $C_{33}$ | 0.2760 | 0.0445 |
| | | 智能分析能力 $C_{34}$ | 0.2920 | 0.0471 |
| 客户知识协同能力 $P_4$ | 0.2244 | 客户数据技术支撑平台完善度 $C_{41}$ | 0.3630 | 0.0814 |
| | | 大数据可视化效果 $C_{42}$ | 0.3009 | 0.0675 |
| | | 企业节点度 $C_{43}$ | 0.3362 | 0.0754 |
| 客户知识创新能力 $P_5$ | 0.2527 | 客户知识利用率 $C_{51}$ | 0.4199 | 0.1061 |
| | | 研发创新成功率 $C_{52}$ | 0.2385 | 0.0603 |
| | | 新产品开发率 $C_{53}$ | 0.3416 | 0.0863 |

通过表3.4的权重数据可以看出，对于准则层指标而言，企业的协同创新环境和客户知识创新能力最大限度地影响着企业的知识融合创新评价，其次是客户知识协同能力。这与大多数的文献研究一致，即通过推动知识融合创新、创新等协同行为，能够最大限度地发挥供应链企业知识协同的运行效率和协同效果。对于网络层指标而言，知识的利用率、激励关系、新产品开发率、数据技术支撑平台的完善度在供应链企业知识融合创新评价模型中所占全局权重较大。知识的利用率与新产品的开发效率最直观地反映了企业知识协同的成果，因而在评价体系中所占权重较大。此外，激励关系与数据技术平台完善度在知识融合创新评价模型中权重的提高体现了大数据变革对供应链企业的影响，企业更需要注重数据技术支持平台的完善度和制定合理的激励机制，从而享受知识协同带来的益处。

本书采用指标权重合理性检验公式 $Q = -\sum_{i=1}^{n} W_i \log_i W_i$（$n$ 为测度的指标个数）进行供应链企业间知识融合创新指标体系的权数分布合理性检验。其中，$Q = 0$ 表示仅有一个权重为1的指标，其他权重皆为0；$Q = 1$ 表示各个指标权重相等，无区分度；$0 < Q < 1$ 且 $Q$ 不过度偏向0和1时，评价体系的指标权重分布

合理。若指标间的区分度较小且指标数量较少，$Q$ 值应在区间 $[0.5, 1)$，且趋近于1；若指标数量较多，$Q$ 值随之变小，一般在0.5左右变动。

首先，对准则层5个权重指标进行检验，其权重分布值 $Q = -\sum_{i=1}^{5} W_i \log_i W_i =$ 0.678，即准则层的权重合理性度量值为0.678。由于准则层的维度为5，该合理性度量值在可接受范围内，且准则层有一定的权重区分度。其次，通过计算可得网络层各个指标的合理性度量值分别为：$Q_1 = 0.643$，$Q_2 = 0.723$，$Q_3 = 0.598$，$Q_4 = 0.476$，$Q_5 = 0.466$。对这五个准则层的权重离散度排序可得：$Q_2 > Q_1 > Q_3 > Q_4 > Q_5$。其中，离散程度差异最大的 $Q_2$ 与最小的 $Q_5$ 之间相差0.257。因此，从各指标权重相对性检验值可以看出，各层指标的相对重要性权值存在较为显著的差异，这说明，基于ANP构建的供应链企业间客户知识融合创新评价指标的权重度量结果较为理想。

### 3.2.3　影响因素评价体系分析

本书选取供应链网络中的制造商——M企业为研究对象。M企业是一家年销售收入超10亿元的较大规模核心制造企业，且与上游供应商和下游客户均有知识融合创新，并开展协同创新活动。根据前述ANP模型，我们通过调研和访谈收集该企业知识融合创新相关管理人员、关键一线员工对企业知识融合创新的评价，回收的有效问卷共26份，并根据对其评语集 {很好，好，一般，差，很差}赋值 $V = \{5, 4, 3, 2, 1\}$，计算出各网络层指标的得分值。问卷调查结果与指标得分值如表3.5所示。

表3.5　　　　M企业知识融合创新水平问卷调查结果统计与指标得分值

| 准则层指标 | 网络层指标 | 各评估用户数 | | | | | 得分值 |
|---|---|---|---|---|---|---|---|
| | | 很好 | 好 | 一般 | 差 | 很差 | |
| 知识网络结构特征 $P_1$ | 网络规模 $C_{11}$ | 8 | 10 | 7 | 1 | 0 | 3.9615 |
| | 平均路径长度 $C_{12}$ | 5 | 8 | 12 | 1 | 0 | 3.6538 |
| | 聚类系数 $C_{13}$ | 5 | 8 | 10 | 2 | 1 | 3.5385 |
| | 节点度分布 $C_{14}$ | 3 | 8 | 11 | 3 | 1 | 3.3462 |
| | 网络稳定性 $C_{15}$ | 4 | 9 | 8 | 3 | 2 | 3.3846 |

| 准则层指标 | 网络层指标 | 各评估用户数 | | | | | 得分值 |
|---|---|---|---|---|---|---|---|
| | | 很好 | 好 | 一般 | 差 | 很差 | |
| 协同创新环境 $P_2$ | 知识员工比例 $C_{21}$ | 6 | 7 | 8 | 3 | 2 | 3.4615 |
| | 知识员工平均受教育程度 $C_{22}$ | 5 | 7 | 9 | 3 | 2 | 3.3846 |
| | 员工培训力度 $C_{23}$ | 3 | 8 | 8 | 4 | 3 | 3.1538 |
| | 企业协同创新积极性 $C_{24}$ | 6 | 11 | 6 | 2 | 1 | 3.7308 |
| | 组织扁平化度 $C_{25}$ | 2 | 8 | 12 | 3 | 1 | 3.2692 |
| | 激励关系 $C_{26}$ | 3 | 11 | 7 | 3 | 2 | 3.3846 |
| 大数据获取与分析能力 $P_3$ | 大数据采集能力 $C_{31}$ | 6 | 10 | 9 | 1 | 0 | 3.8077 |
| | 大数据存储能力 $C_{32}$ | 7 | 9 | 7 | 2 | 1 | 3.7308 |
| | 大数据挖掘能力 $C_{33}$ | 6 | 10 | 6 | 3 | 1 | 3.6538 |
| | 智能分析能力 $C_{34}$ | 5 | 11 | 7 | 2 | 1 | 3.6538 |
| 客户知识协同能力 $P_4$ | 客户数据技术支撑平台完善度 $C_{41}$ | 7 | 12 | 5 | 2 | 0 | 3.9213 |
| | 大数据可视化效果 $C_{42}$ | 6 | 13 | 6 | 1 | 0 | 3.9213 |
| | 企业节点度 $C_{43}$ | 4 | 9 | 8 | 3 | 2 | 3.3846 |
| 客户知识创新能力 $P_5$ | 客户知识利用率 $C_{51}$ | 3 | 9 | 8 | 3 | 3 | 3.2308 |
| | 研发创新成功率 $C_{52}$ | 4 | 8 | 9 | 3 | 2 | 3.3462 |
| | 新产品开发率 $C_{53}$ | 4 | 10 | 8 | 2 | 2 | 3.4615 |

整理后，根据各指标的相对性权重得 M 企业关于知识网络结构特征、协同创新环境、大数据获取与分析能力、客户知识协同能力、客户知识创新能力五个准则层的模糊判断矩阵：

$$R_1 = \begin{bmatrix} 0.3077 & 0.3846 & 0.2692 & 0.0385 & 0.0000 \\ 0.1923 & 0.3077 & 0.4615 & 0.0385 & 0.0000 \\ 0.1923 & 0.3077 & 0.3846 & 0.0769 & 0.0385 \\ 0.1154 & 0.3077 & 0.4231 & 0.1154 & 0.0385 \\ 0.1538 & 0.3462 & 0.3077 & 0.1154 & 0.0769 \end{bmatrix}$$

$$
R_2 =
\begin{bmatrix}
0.2308 & 0.2692 & 0.3077 & 0.1154 & 0.0769 \\
0.1923 & 0.2692 & 0.3462 & 0.1154 & 0.0769 \\
0.1154 & 0.3077 & 0.3077 & 0.1538 & 0.1154 \\
0.2308 & 0.4231 & 0.2308 & 0.0769 & 0.0385 \\
0.0769 & 0.3077 & 0.4615 & 0.1154 & 0.0385 \\
0.1154 & 0.4231 & 0.2692 & 0.1154 & 0.0769
\end{bmatrix}
$$

$$
R_3 =
\begin{bmatrix}
0.2308 & 0.3846 & 0.3462 & 0.0385 & 0.0000 \\
0.2692 & 0.3462 & 0.2692 & 0.0769 & 0.0385 \\
0.2308 & 0.3846 & 0.2308 & 0.1154 & 0.0385 \\
0.1923 & 0.4231 & 0.2692 & 0.0769 & 0.0385
\end{bmatrix}
$$

$$
R_4 =
\begin{bmatrix}
0.2692 & 0.4615 & 0.1923 & 0.0769 & 0.0000 \\
0.2308 & 0.5000 & 0.2308 & 0.0385 & 0.0000 \\
0.1538 & 0.3462 & 0.3077 & 0.1154 & 0.0769
\end{bmatrix}
$$

$$
R_5 =
\begin{bmatrix}
0.1154 & 0.3462 & 0.3077 & 0.1154 & 0.1154 \\
0.1538 & 0.3077 & 0.3462 & 0.1154 & 0.0769 \\
0.1538 & 0.3846 & 0.3077 & 0.0769 & 0.0769
\end{bmatrix}
$$

对上述矩阵进行模糊变换，得到 M 企业的综合评价矩阵：

$$
W = (w_i \times R_i) =
\begin{bmatrix}
0.2240 & 0.3451 & 0.3455 & 0.0641 & 0.0213 \\
0.1562 & 0.3641 & 0.3034 & 0.1101 & 0.0663 \\
0.2281 & 0.3873 & 0.2747 & 0.0795 & 0.0304 \\
0.2189 & 0.4343 & 0.2427 & 0.0783 & 0.0259 \\
0.1377 & 0.3501 & 0.3169 & 0.1022 & 0.0931
\end{bmatrix}
$$

将上述矩阵合并后可求出隶属度矩阵 $U$：

$$
U = w' \times W = \begin{bmatrix} 0.1842 & 0.3781 & 0.2929 & 0.0913 & 0.0535 \end{bmatrix}
$$

通过评语集的赋值计算出 M 企业的知识融合创新评价的量化分值和每个准则层的得分值：

$$
x = U \times V = 3.5477
$$

$$
X' = (W \times V')' = \begin{bmatrix} 3.6866 & 3.4338 & 3.7032 & 3.7421 & 3.3372 \end{bmatrix}
$$

从 M 企业的最终量化分值可以看出，该公司的知识融合创新处于中等偏上水平，通过分析每个准则层的得分值，可以找出 M 企业在知识融合创新的五个维度的优势与劣势，具体分析如下所示。

（1）知识网络结构特征：M 企业主要为下游企业提供气体传感器及仪表等电子零部件或产品，为供应链上的核心企业，同时该企业与水务公司、科技公司、检测公司等都有合作。因而该企业所在供应链的网络结构特征足以为其提供足够的信息数据，有助于供应链企业间的知识交流。

（2）协同创新环境：M 企业高度重视知识的协同与创新，加大产学研合作开发力度。目前，正在进行由最初的短期、单一技术转让型到合作开发、人才培训、共建研发实体等多种合作模式并举的协同创新模式的转型。"优势互补，互利互惠"的合作机制促进了企业科学技术水平的快速提高，同时也推动了国内科研院所和高等院校科技成果的产业化进程，建立了全面互动的科技创新生态圈。但由于该企业的协同创新模式仍在转型中，其协同创新环境维度的得分稍逊于其他维度。

（3）大数据获取与分析能力：科研方面的大量投入使 M 企业具有较好的大数据获取与分析能力。为了从源头治理数据"孤岛"现象，该企业构建了用于物联网设备采集、订阅、大数据分析挖掘与应用的物联一体化平台和用于可视化方向的二次开发平台。

（4）客户知识协同能力：为了更好地获取知识并进行知识交流，M 企业构建了捂脸网平台，以便进行智能仪表终端价值挖掘，整合产业链上游、下游生态资源，打通物联网感知、传输、平台、应用完整链路，形成资源共享、合作共赢的物联网生态体系。因而在客户知识协同能力维度，该企业得分较高，具有很大的优势。

（5）客户知识创新能力：M 企业崇尚创新和研发，建立了以 M 研究院为核心，涵盖国内外多个城市的研发中心在内的全球研发创新体系，围绕传感器、智能仪表、地理信息、云计算、大数据、移动互联等互联网技术等方面全面创新。该企业目前已申请国家专利 243 项，发明专利 51 项，注册计算机软件著作权 68 项，商标 56 项，产品通过科技成果鉴定 35 项，其中，14 项达到国际先进水平，21 项达到国内先进水平。虽然该公司重视科技投入和产品开发，但可能由于其对数据知识的吸收和利用不足，使所投入的创新要素衰减、知识的利用率不高，因而客户知识创新能力维度的得分较低。

综上所述，M 企业在知识融合创新方面达到了中等偏上水平，若要继续增强知识的协同创新能力，可以考虑从协同创新环境和客户知识创新能力两方面入手，注重激励关系、知识的利用率等的完善和提升。

本节以大数据改革使企业供应链由过去的价值链转化到知识融合创新型价值网络为背景，为分析供应链中的供应商、零售商、客户的知识融合创新影响因素，基于 ANP 方法建立了网络融合程度模型。通过该评价模型中的各影响因素指标的权重系数可以看出，首先，企业的协同创新环境和客户知识创新能力在最大限度地影响着企业的知识融合创新水平；其次，客户知识协同能力；最后，知识的利用率、激励关系、新产品开发效率、数据技术支撑平台完善度是企业提高知识融合创新水平的关键。

通过调研和访谈，本书对具有代表性的科研企业进行了实证分析。评价结果显示，虽然 M 企业作为新兴的科技企业，在大数据获取与分析能力和客户知识协同能力这两个维度上具有明显优势，协同创新环境和客户知识创新能力还稍有不足。此外，评价结果和企业的现状分析还验证了供应链企业知识融合创新评价模型的合理性与有效性。

本节虽然考虑了大数据环境对知识融合创新评价的影响，加入了知识网络结构这一维度，但并未深入探讨大数据环境如何具体影响知识融合创新中的各个指标以及大数据环境下供应链企业知识融合创新的运行机制、运行模式等。因此，今后的研究还需要结合客户知识独特的特点，对以上几方面进行深入的探讨。

## 3.3 本章小结

数字技术、人工智能技术的快速发展使大数据大量产生，数据成为资产，成为生产要素，以大数据及其应用和治理为主要内容的数字经济也成为各国竞相发力的重要领域。我国也十分重视大数据及其应用和治理机制的发展，自 2014 年将大数据写入《政府工作报告》以来，从中央到地方，政府出台了一系列支持、鼓励大数据及其产业发展的政策。根据国家网信办发布的《数字中国发展报告（2021 年）》，2017～2021 年，我国数据产量从 2.3 泽字节增长至 6.6 泽字节，2021 年在全球占比 9.9%，位居世界第二。数据作为一种生产要素，其价值在于能够和技术、劳动一起创造新的价值，为发挥数据的价值，数据要素基础制度还需要进一步明确，因此本章从供应链知识管理的角度出发，对 C2B 供应链中客户知识融合创新的驱动要素与影响因素进行了研究。

研究表明，从数据—知识—创新过程，客户—供应链跨组织的角度来看，C2B 供应链客户知识融合创新的驱动要素主要包括四个方面，即技术驱动、政策驱动、市场驱动和消费者驱动。首先，技术驱动，大数据技术的发展使大量、多样、高速率和可挖掘价值大的数据产生，使创新有了来源之水；其次，政府政策的大力支持和鼓励，进一步推动技术的进化，从而推动了大数据的产业化应用，也推动了数据相关制度的探索与发展。而作为供应链企业，面临市场的竞争压力，不得不充分利用数据这种资源，通过收集、整理、挖掘、利用将其转化为知识，转化为创新，并为企业创造价值，使企业获得和保持竞争优势。在大数据驱动技术变革、制度变革的背景下，消费者的权力比以往任何时候都大，他们提出个性化、多样化、定制的需求，他们在数字平台上自由发表评论、见解和建议，并与企业互动，参与到企业的创新过程中去，这也驱动了 C2B 供应链客户知识融合创新。

然而，在供应链企业进行客户知识融合创新的过程中，客户知识需要结合其他企业内外、供应链网络中的知识共同作用创造新价值，这就有必要分析和评价这些影响因素。基于网络分析法 ANP，本章将影响供应链客户知识融合创新的影响因素分为内部、外部两大类。其中，内部又提炼出协同创新环境因素、企业及供应链大数据获取与分析能力因素、客户知识协同能力因素和客户知识创新能力因素；外部提炼出知识网络结构特征因素，一共五大因素。进一步地，分别对这几大影响因素进行细化，分成 21 个具体的影响指标，并构建评价模型对这些影响因素进行关系分析与作用评价。研究发现，企业的协同创新环境和客户知识创新能力最大限度地影响企业的知识融合创新评价，其次是客户知识协同能力。这表明，通过推动知识融合创新、创新等协同行为，能够最大限度地发挥供应链企业知识协同的运行效率和协同效果。对于网络层指标而言，知识的利用率、激励关系、新产品开发效率、数据技术支撑平台完善度在供应链企业知识融合创新评价模型中所占全局权重较大。知识的利用率与新产品的开发效率最直观地反映了企业知识协同的成果，因而在评价体系中所占权重较大。此外，激励关系与数据技术平台完善度在知识融合创新评价模型中权重的提高体现了大数据变革对供应链企业的影响，企业更需要注重数据技术支持平台的完善度和制定合理的激励机制，从而享受知识协同带来的益处。总的来说，企业的协同创新环境和客户知识创新能力最大限度地影响了企业的知识融合创新水平，其次是客户知识协同能力。此外，知识的利用率、激励关系、新产品开发效率、数据技术支撑平台完善度是企业提高知识融合创新水平的关键。

本章的研究为后面的进一步实证研究、激励机制、协调机制的变量设计、模型构建提供了参考思路。例如，供应链知识网络结构特征的分析为结构方程模型、激励模型和协调模型的构建提供了知识网络、多元路径、进入模型的主要参与者选择等思路；对知识员工的教育、培训投资、大数据获取与分析能力、客户知识协同能力、产品创新等影响因素为实证研究的问卷设计、变量设计较为直接地提供了参考；激励关系影响因素的分析为后面章节的激励协调机制设计奠定了基础。

# 大数据驱动的 C2B 供应链
# 客户知识融合创新路径

本章将基于客户知识独有的特点，从供应链内功能性横向整合角度研究客户大数据、知识通过流程融合，联结数据、知识"孤岛"，构建客户知识融合创新路径。首先，在前面几章研究的基础上，结合访谈和资料分析，厘清 C2B 供应链中客户大数据、知识的来源、分布及特征，构建供应链客户知识融合的过程模型；其次，分析客户大数据产生于客户端，却贯穿"研发—生产—营销"全流程的特点，从大数据驱动和知识管理角度提炼关键变量，构建结构方程模型，研究客户知识融合创新的路径。

## 4.1 大数据驱动的 C2B 供应链中客户
## 知识的来源、分布及作用

客户知识是企业或企业联结体（如供应链等）对市场终端客户处获取的数据和信息进行整理、分析、提炼、转化而形成的较系统的经验、概念、观点及洞察力的有机组合，能够对企业乃至供应链的决策提供参考或支持的价值系统。客户知识包括客户需要的知识、关于客户的知识和来自客户的知识。

### 4.1.1 客户知识的来源

在供应链管理中，客户知识是指客户对产品和服务的需求、偏好、反馈等信息。这些信息可以帮助企业更好地了解客户的需求，提高产品和服务质量，并增强客户忠诚度。在供应链流程中，以核心企业为中心，客户知识向上游供应商、下游客户贯穿渗透。因此，C2B供应链中的客户知识可以分布在多个流程环节，如采购、研发、生产、物流、销售、售后等。不同环节的客户知识特征也不同。例如，在采购环节，客户知识主要体现在采购计划和采购决策中；在研发生产环节，客户知识主要体现在产品设计和生产过程中；在物流环节，客户知识主要体现在配送计划和配送过程中；在销售环节，客户知识主要体现在市场调研和销售策略中；在售后环节，客户知识主要表现为从产品或服务的使用反馈、故障报修、投诉等提炼出来的知识。

例如，在采购环节，客户知识主要体现在采购计划和采购决策中。比如，一家企业的客户反馈，他们需要更多的绿色产品。在采购计划中，企业可以考虑增加绿色产品的采购量，以满足客户的需求。在采购决策中，企业可以选择更多的绿色供应商，以提高绿色产品的质量和增加绿色产品的数量。

在研发生产环节，客户知识主要体现在产品设计和生产过程中。比如，一家企业的客户反馈，他们需要更多的绿色产品。在产品设计中，企业可以考虑增加绿色元素，以满足客户的需求。在生产过程中，企业可以采用更环保的生产工艺和材料，以提高绿色产品的质量和增加绿色产品的数量。

在销售环节，客户知识主要体现在销售渠道和销售策略中。比如，一家企业的客户反馈，他们需要更多的绿色产品。在销售渠道中，企业可以选择更多的绿色零售商，以提高绿色产品的销售量。在销售策略中，企业可以采用更多的绿色营销手段，以提高绿色产品的知名度和美誉度。

在物流环节，客户知识主要体现在物流配送和物流管理中。比如，一家企业的客户反馈，他们需要更快的配送速度。在物流配送中，企业可以选择更快的物流服务商，以提高配送速度。在物流管理中，企业可以采用更科学的物流管理方法，以提高物流的效率和质量。

在售后环节，客户知识主要体现在问题发现及解决方面。例如，客户新购买的智能手机经常遇到电池耗尽的问题，他们向售后部门反馈，售后部门通过分析这些反馈数据，找出问题的根本原因，例如软件错误或有问题的应用程序，提炼出客户知识，从而有针对性地解决这一问题。根据客户的知识解决问题，公司提高了产品质量，提高了客户满意度，也推动了供应链的创新。

由此可见，客户大数据和知识可以分为三类：一是客户需求数据和知识，即反映客户对产品或服务的偏好、需求和期望的数据和知识；二是客户反馈数据和知识，即反映客户对产品或服务的评价、满意度和忠诚度的数据和知识；三是客户协同数据和知识，即反映客户与企业或其他客户之间的交流、协作和创新的数据和知识。这三类客户大数据和知识分别产生于不同的环节，例如，需求调研（营销销售环节）、定制设计（研发生产环节）、物流、产品使用、售后服务等，并且具有不同的形式、内容和价值。

## 4.1.2 客户知识的分布及作用

C2B 供应链中的客户知识来源多样，分布在供应链核心企业与供应商、客户交互的各流程中。本书通过企业访谈、二手数据整理等对大数据驱动的 C2B 供应链中客户数据的分布，潜在客户知识的分布及其作用进行了分析，如表 4.1 所示。

**表 4.1　　　　C2B 供应链客户大数据、潜在客户知识分布及作用**

| 供应链环节 | 客户数据 | 潜在客户知识 | 客户知识的作用 |
| --- | --- | --- | --- |
| 采购 | 客户统计数据和联系信息 | 客户细分，目标市场识别 | 根据客户偏好选择供应商 |
| | 购买历史和交易数据 | 购买模式、偏好和趋势 | 需求预测，供应商谈判 |
| | 在线浏览行为和点击流数据 | 产品兴趣 | 采购产品选择 |
| | 来自在线市场的定价 | 价格敏感度 | 有竞争力的定价，采购价格参考 |
| 研发 | 来自线上和线下渠道的客户反馈和建议 | 产品改进思路、功能要求 | 产品创新，研发优先决策 |
| | 社交媒体讨论和趋势分析 | 新兴趋势、客户情绪 | 市场趋势分析，产品开发 |
| | 在线调查和问卷调查 | 客户偏好、满意度 | 根据市场趋势进行产品定制 |
| | 产品定制和配置数据 | 个性化的产品需求 | 定制化的产品开发，个性化 |
| | 基于大数据分析的市场研究和客户细分 | 市场趋势，客户细分 | 有针对性地进行产品开发、营销创新 |
| | 客户协同创作和创意平台数据 | 客户驱动的设计见解，共创洞见，创新思路 | 协同产品设计，客户驱动创新，以用户为中心的产品设计、创新 |

| 供应链环节 | 客户数据 | 潜在客户知识 | 客户知识的作用 |
| --- | --- | --- | --- |
| 生产 | 基于在线销售数据的实时需求预测 | 需求模式，季节性 | 生产计划、库存管理 |
| | 网络分析和用户行为数据 | 网站使用模式、热门产品 | 产品性能分析，用户体验提升 |
| | 物联网传感器数据，用于产品使用分析 | 产品性能、使用模式 | 控制质量，预见性维护 |
| | 产品定制偏好和趋势 | 定制需求、偏好 | 定制制造，配置产品 |
| 物流 | 在线订单的实时跟踪和追踪 | 发货状态、发货业绩 | 订单跟踪，优化发货 |
| | 用于优化配送路线和库存管理的预测分析 | 优化路线，库存规划 | 优化路线，优化库存 |
| | 社交媒体监控与配送相关的反馈和问题 | 客户对运输体验的反馈 | 提高客户满意度，解决问题 |
| | 网上购买的退换货数据 | 退货原因、产品问题 | 逆向物流管理，改进产品 |
| | 通过数据共享实现供应链的可见性和透明度 | 实时供应链洞察 | 加强协作，优化供应链 |
| | 配送偏好和需求 | 首选的交付方式、时间框架 | 以客户为中心的交付方式，提高满意度 |
| | 客户地理分布 | 区域需求模式，本地化需求 | 区域分布，本土化策略 |
| | 逆向物流信息（退、换、修） | 逆向物流效率高，客户满意 | 高效退货管理，提升客户的满意度 |
| 销售 | 客户简介和购买历史 | 客户忠诚度，重复购买 | 客户关系管理，忠诚计划 |
| | 客户联系和沟通历史的CRM系统 | 客户互动、偏好 | 个性化营销，客户服务 |
| | 来自电商平台和线下经销商的销售数据 | 销售业绩、市场趋势 | 销售分析，提高市场洞察力 |
| | 基于线上行为的个性化产品推荐 | 交叉销售、向上销售机会 | 增加销售量，提高客户的满意度 |
| | 使用网络分析和CRM数据进行销售业绩分析 | 销售趋势，客户行为洞察 | 销售预测，销售策略优化 |

续表

| 供应链环节 | 客户数据 | 潜在客户知识 | 客户知识的作用 |
|---|---|---|---|
| 售后 | 在线客服互动和聊天记录 | 支持问题，客户满意度 | 客户支持改进，满意度分析 |
| | 客服票务数据来自线上 | 服务响应时间、解决效率 | 服务质量改进，性能指标 |
| | 客户投诉和情绪分析的社交媒体监控 | 客户情绪、口碑管理 | 客户情绪分析，美誉度提升 |
| | 产品/服务改进的在线评论分析 | 产品/服务反馈，改进领域 | 产品/服务提升，质量改进 |
| | 根据客户的询问和反馈建立知识库和 FAQ | 常见问题，自助支持 | 加强客户自助服务，知识管理 |

由表 4.1 可知，在供应链各个环节，客户数据蕴含着潜在客户知识，这些数据和知识分散分布，要通过客户数据的收集整理挖掘客户知识，并分析其作用来加以利用。

例如，采购中可以收集到对客户人口统计、购买历史、在线采购行为和市场定价等数据，并从这些数据中挖掘客户细分、目标市场识别、购买模式、偏好和趋势、产品兴趣、价格敏感度等客户知识，供应链核心企业可以根据客户偏好选择供应商，进行需求预测和与供应商谈判，进行采购产品的选择和优化，确定采购价格，协助制定有竞争力的产品定价等。

研发环节中，从客户反馈、社交媒体讨论、在线调查和协作创作平台中收集的客户数据中挖掘产品改进思路、功能要求、新兴趋势、客户情绪、客户偏好、满意度、个性化的产品需求、市场趋势、客户细分、客户驱动的设计见解、共创洞见、创新的思路等客户知识，从而指导产品改进、创新、厘清创新优先级和基于客户偏好的定制。其中，基于大数据分析的市场研究和市场细分进一步完善了产品开发策略，并保障以客户为中心。

生产环节中，从实时需求预测、优化网络分析和用户行为数据、物联网传感器数据等客户大数据中挖掘的客户知识，如需求模式、需求的季节性、网站使用模式、热门产品、产品性能、使用模式、定制需求、偏好等，用于帮助供应链企业进行生产计划、库存管理、质量控制和预测性维护。此外，协同在线平台也能够通过影响产品设计来影响生产，它使客户能够参与产品设计，促进客户驱动的创新。

物流环节中，从物流相关客户数据中挖掘的客户知识能够优化物流运营，例如，实时跟踪和跟踪在线订单、优化路线的预测分析以及监控运输相关反馈的社交媒体数据，从中发现发货状态、发货业绩、优化路线、库存规划、客户对运输体验的反馈等知识，能够帮助供应链提升物流效率，提高客户的满意度；退货和交换数据、供应链可见性和交付偏好则提供了对逆向物流、供应链优化和客户满意度的洞察。地理分布分析可以实现有针对性的区域分布和本地化策略。

销售环节中，客户档案、CRM 系统、销售数据和个性化推荐利用客户知识来进行有效的客户关系管理、个性化营销和优化销售策略；对销售业绩和市场趋势的分析则进一步为销售预测和决策提供参考，以最终实现销售业绩的提升。

售后环节中，客户支持互动、服务票证数据、社交媒体监控、在线评论分析和知识库利用等都能提升售后服务质量。基于客户查询和反馈的自助服务，则有助于提高客户的满意度和知识管理。此外，售后环节发现的客户知识能够与其他数据如产品生产、设计等数据融合起来，发现产品存在的问题，进而进行改进和创新。总之，利用客户数据和知识，供应链企业可以改善客户支持，及时解决问题，提升声誉度，提高产品/服务质量和促进创新。

由此可见，从客户数据中挖掘客户知识并加以利用，可以改进供应链企业决策，提高运营效率，强化以客户为中心，增强客户的忠诚度和满意度，促进产品和服务的创新。

# 4.2 供应链客户知识跨流程融合过程

客户数据虽然分散在不同环节，但并不能孤立地看待它们，否则易形成数据"孤岛"，即使挖掘出知识也只是片段性知识，难以发挥其应有的作用。因此，本书基于数据—知识—创新过程，上述 6 个供应链流程、客户—供应链跨组织三个维度研究融合创新机制。基于这个视角，从表 4.1 来看，上述供应链环节的数据通过挖掘和分析后，形成了不同的客户知识，进而为供应链企业所应用，这个过程并不是孤立存在的，为达到更好的客户知识利用效果，需要促进供应链客户知识融合，多个环节的客户数据与各环节的其他大数据融合，挖掘其中蕴含的客户知识，再加以综合利用。那么，如何做到这一点呢？其中的一个关键就是，在前述组织流程的基础上，进一步达成供应链企业间的集成和协作，以实现客户知识与供应链其他数据的融合，如图 4.1 所示。

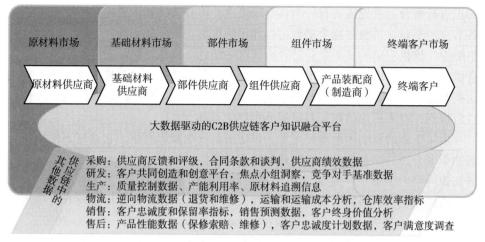

**图 4.1 供应链客户知识跨流程融合过程**

由图 4.1 可见，分布在不同供应链节点、不同流程的客户数据和知识，通过创新领导者，如制造商，构建的客户知识融合创新平台连通起来，在平台内交互、交流、交易，融合后创造新知识，促进创新。在这个过程中，客户数据和知识贯穿于供应链的不同环节，通过共享客户数据和知识，融合创造新知识，供应链企业可以实现更强的供应链可见性，更高的透明度和效率。同样地，基于客户数据，与供应商、合作伙伴和客户的共同协作，能够促进信息共享、流程优化，创新实现。然而，在这个过程中，大数据通过什么路径驱动创新？来源于外部的客户知识能否直接推进创新？企业内部对这些外部数据和知识应该如何处理，才能更好地推进创新，推进创新的路径是怎样的？针对这些问题，目前的研究尚未看到有相关回答。因此，本章将进一步基于企业问卷调研，从融合创新的概念模型、结构方程模型、数据实证分析等方面，力图对以上问题进行较为深入的研究。

## 4.3 融合创新概念模型

### 4.3.1 变量设计

由上一节的分析可知，客户知识分布在供应链的各个环节，而要对这些客户知识进行融合，首先需要有一个核心凝聚点，将分散的知识集中到一个能够连接各节点的平台，再通过这个平台进行知识的聚集、融合和创新。显然，在供应链组织中，该供应链的核心企业适合扮演这一角色。那么，核心企业又应该如何聚合供应链内企业内、外的知识进行创新呢？创新的路径又是怎样的呢？为了解决这些问题，本节首先对大数据驱动的 C2B 供应链客户知识融合创新的概念模型进行探索，以为后面的路径与机制分析奠定基础。

由第 3 章的影响因素研究可见，供应链是一个知识网络，它通过不断地将分散知识聚合并共享来提升组织绩效和组织灵活性（Kogut & Zander，1992）。供应链知识网络内，形成一整套知识整合机制，通过企业间的知识转移、聚合、学习，新知识创造，最终实现其核心企业及整个供应链组织的效率优化和竞争力的提升（Grant，1996；Nonaka，1994；Spender，1996；张旭梅，朱庆，2007）。而 C2B 供应链具备供应链网络组织的特征，构成了以客户为中心的知识网络。在大数据驱动的 C2B 供应链中，以终端客户为主导，通过互联网平台聚合消费者的需求，随之伴生大量与客户相关的各种异质性数据，通过对这些数据的获取、聚合、挖掘和利用，推动供应链由"推式"变为"拉式"，这要求供应链及其节点企业具有更强的灵活性、适应性和创新性。例如，上汽大通推出 C2B 智能定制模式，消费者可以通过手机 App 或官网自主选择车型、配置、颜色等参数，然后由上汽大通根据订单进行柔性生产，并在约定时间内交付消费者，这一模式使上汽大通在汽车行业进入"寒冬"的情况下仍然能够保持 18% 的逆势增长。拼多多推出的 C2B 模式，让消费者可以通过平台发起或参与团购活动，以较低的价格购买各类商品，如食品、日用品、数码产品等，然后由拼多多根据订单向供应商下单，并由供应商直接发货给消费者。这两个案例均体现了 C2B 供应链是一种以消费者为主导的供应链模式，具有供应链网络组织和知识网络的特征，可以增强供应链的灵活性、适应性和创新性。在 C2B 供应链运作的过程中，由于由客户定制或购买到企业制造再到产品送达的过程中，大量有关客户的数据依托供应链关联的互联网络产生，对这些大数据的获取、聚合、挖掘，形成客户知识并利用，以实现供应链的定制化和创新。由此可见，C2B 供应链中的客户知识融合是一种基于大数据的知识创造，是通过整合和利用客户知识，实现供应链的拉式生产和交付，其本质是大数据驱动下的 C2B 供应链客户知识融合创新。

### 4.3.1.1 大数据投资

客户大数据的获取、聚合或集成、挖掘需要有最基本的基础设施、技术和人才，这要求企业对大数据相关的基础设施开发、数据存储和处理系统、数据分析工具和人才获取进行投资（McAfee & Brynjolfsson，2012）。首先，企业要有在大数据项目投资的预算并执行以进行支持大数据收集、存储、分析和应用的基础软件、硬件设施，其中包括网络带宽、云计算、物联网等基础设施的投入，以及数据存储和处理、数据分析工具的投入（Regards，2018；Deloitte，2020）。此外，还包括人力资源的投入，例如，招聘新员工来处理大数据，或者培养和激励具有大数据专业技术的人才。

### 4.3.1.2　大数据获取与分析

对大数据获取与分析，供应链企业进一步对数据进行挖掘，获取客户知识并进行管理；同时，供应链核心企业通过构建数据平台将来自供应链其他节点的大数据集成到一起，以实现跨部门知识交流、学习和共享。大数据获取与分析能力包括异质性大数据获取、实时数据获取、跨平台或部门调用数据、内外部数据整合，以及从海量数据中处理提取有价值的信息。大数据资源获取，是指企业通过多种渠道和方式，收集和获取与客户相关的各种类型、格式和来源的数据，如交易数据、行为数据、反馈数据、社交媒体数据等。这意味着企业需要有持续，且实时获取企业内部、外部多个来源的各种非结构化，或高度动态的数据。跨平台或部门调用数据，表明企业利用大数据分析软件，能够调用企业跨多个平台或部门的数据；整合能力，在调用的基础上，进一步通过大数据平台和工具，对收集的内部、外部大数据进行清洗、转化、整合和存储，以便后续的分析和应用（Cavanillas et al.，2016）。大数据整合后，可以采用大数据分析技术和方法，进行挖掘、建模、可视化和解释，以提取有价值的客户知识，如客户偏好、需求、满意度、忠诚度等（Xie & Zhang，2023）。

### 4.3.1.3　客户知识协同

供应企业通过大数据的获取与分析，形成了新的数据集或信息，但这些信息还需要进一步分析，从而从中提炼出可以直接用于决策的客户知识，并加以利用。企业需要从客户端获取客户知识，跨职能合作利用知识，完成这一过程的能力被称为客户知识协同能力（Gebert，2003；Sain，2021）。这一过程强调知识获取、同化和利用（Huo et al.，2020；Yang et al.，2019）。在以产品创新为最终目标的客户知识协同过程中，首先需要获得大量的客户生产信息，也需要客户为企业提供有关产品创新的信息；作为创新的企业也要不断向大客户学习，并将从主要客户那里学到的知识应用于新技术的采用；为了监管和保障整个客户知识协同过程合理、有效，企业需要建立检查系统和反馈机制，并对客户知识协同过程和结果进行有效的监控、评价和改进，以提高客户知识协同的效率和效果（Bueren，2005；Huo et al.，2020；Yang et al.，2019）。

### 4.3.1.4  内部学习与知识共享

知识是客观存在的事物，而利用知识则需要学习，学习的效果如何取决于吸收能力。吸收能力也被认为是企业学习与知识共享中创造新知识和利用新知识形成价值的能力（Cohen & Levinthal，1989，1990）。吸收能力分为内部知识吸收能力和外部知识吸收能力，知识吸收能力强调将内部知识与外部知识融合以形成新知识（Lewin et al.，2011；Nonaka，1994）。吸收能力的价值需要跨组织学习、共享和更新知识。外部知识需要通过内部跨组织、跨职能学习来同化和创造新知识，并不断学习、分享，形成一个螺旋上升的循环过程（Spender，1996；Zahra & George，2002）。内部学习和知识共享将内部和外部知识融合，从而获得新知识，增加了企业知识重用和知识创新的可能性，从而增强竞争优势和市场响应能力（Lewin et al.，2011；Chang et al.，2013）。

### 4.3.1.5  产品创新

产品创新，是指企业开发和推出新的或改进的产品或服务，以满足客户的需求和期望，提高市场竞争力和盈利能力。对于供应链企业，在核心企业的带领下，各供应链成员通过协作，交流、学习和共享客户知识，进而实现企业的产品创新，提高企业的创新绩效（Chen et al.，2012；Lee，2019）。由于产品替代性强、市场竞争激烈，企业需要通过知识共享来掌握供应链中的其他合作伙伴的创新趋势（Wang & Hu，2020）。通过吸收客户知识并转化和利用，可以提高其在流程和产品创新方面的绩效（Suh，2019；Onofrei，2020）。在大数据环境下，供应链企业利用大数据技术和方法，对分布于供应链各节点的海量客户数据进行收集、存储、分析和应用，以提取有价值的客户知识，指导产品的开发和改进，以满足客户的需求和期望，提高市场竞争力和盈利能力（Bhatti et al.，2022；Kostis et al.，2020）。

## 4.3.2  研究假设

基于资源基础观（resource-based view）（Grant，1996）、知识观（knowledge-based view）（Grant，1996；Nonaka，1994；Spender，1996）、面向过程的动态能力理论（Barton & Court，2012；Mcafee & Brynjolfsson，2012）、客户知识管理理论（Gibbert et al.，2002；Blosch，2000；Taghizadeh，2018）等，本书提出大数据投资、大数据获取与分析、客户学习、内部跨部门学习多个维度协同推进供应链企业产品创新。

大数据投资为大数据的获取和分析提供了基础和必要的资源。2018年的财富1000强和行业领先的美国企业大数据高管调查报告显示，91.6%的企业正在加快大数据投资的步伐，59.5%的企业声称要利用数据推动创新，47.6%的企业声称在数据和分析方面进行竞争，只有31%的企业认为自己是数据驱动型组织（Davenport & Bean，2019）。《中国互联网发展报告（2021）》显示，2020年我国大数据产业规模达718.7亿元，增幅领跑全球。由此可见，大数据投资对大数据利用和创新具有重要的推动作用。大数据投资赋能能力，大数据投资能够使组织获得先进的数据收集技术，建立较全面的数据渠道，并提高数据质量，实现有效的数据集成机制，增强供应链对客户需求的预测能力和调整采购决策，进而提高供应链效率（俞志烨，2015；徐国虎，2018；周茂森，2018）。大数据获取与分析，即通过采集、聚合和整合不同来源的客户大数据。它包含了从多个渠道获取的数据，保障数据的质量以及将这些数据及其集成，形成统一可用的数据资源（Johnson et al.，2017；Gupta & George，2016）。这为企业进行客户知识获取、学习和利用提供了基础（Migdadi，2020），也为供应链核心企业内部跨部门知识交流和共享提供了硬件和软件条件（Wang，2010）。进一步地，企业在大数据相关的基础设施开发、数据存储和处理系统、数据分析工具和人才获取等方面的投入越大，企业大数据处理的软件、硬件水平越高，分析能力越强。因此，其客户知识协同能力也越强（Ferraris，2019；Hassna，2018）。德勤公司在2020年提出一个包括九个知识管理维度的知识管理战略框架，指出利用大数据技术和方法收集、分析和利用知识，有助于提高知识管理效率和效果（Deloitte，2020）。戴维斯等（Dalis et al.）在《哈佛商业评论》上发表的文章指出大数据驱动产品创新的过程中，组织需要构建支持学习和知识共享的文化（Kostis et al.，2020）。因此，本书提出如下假设：

H1a：大数据投资对大数据获取与分析具有显著正向影响；

H1b：大数据投资对客户知识协同具有显著正向影响；

H1c：大数据投资对内部学习与知识共享具有显著正向影响；

H1d：大数据投资对产品创新具有显著正向影响。

大数据获取与分析为供应链企业的客户知识协同提供了多元的知识获取来源

渠道，其大数据分析平台和工具也为企业与客户之间的交流、学习和知识共享、利用提供了保障。有效利用大数据的价值实现创新需要超越传统的大数据获取与分析能力（Khan & Vorley，2017；Le Dinh et al.，2018）和持续发展的知识管理能力，使企业能够有效地获取、处理那些来源于多个协作参与者的高度复杂的信息和知识（Ferraris et al.，2019）。企业大数据的获取与分析对企业知识管理能力具有正向影响（Obitade，2019），特别是在多个节点企业协作的C2B供应链中更需要企业大数据能力提升客户知识协同。由于在C2B供应链中，客户数据零散地分布在供应链节点的各类大数据中，且与其他数据混杂在一起，那么获取客户知识首要的一个工作就是从各类大数据中识别出客户大数据，如此才能进一步从中获取客户知识，再对客户知识进行学习、共享和利用，以实现创新。传统的协同或合作创新理论已经认识到要激励所有参与者直接互动、对话和协作（Dahlander & Gann，2010；Lee et al.，2012；Randhawa et al.，2016）。但在大数据驱动下，允许间接地互动或被动和无意地获得数据、信息和知识，推进创新过程（Ferraris et al.，2020；Jayashankar et al.，2019），这一点在C2B供应链中体现得尤为明显，因为大数据中包含了大量客户无意识行为数据。因此，本书提出如下假设：

H2a：大数据获取与分析对客户知识协同有显著正向影响；

H2b：大数据获取与分析对内部学习与知识共享具有显著正向影响；

H2c：大数据获取与分析对产品创新有显著正向影响。

供应链协作网络使各节点企业形成了结构化联盟和伙伴关系，这种关系促进了数据集成、知识共享及合作创新的实现（Lee et al.，2012）。供应链企业使用供应链内部连接的大数据平台从其他节点获取知识和资源，并参与到协作创新的过程中，从而提高创新效率（Santoro et al.，2018；Del Vecchio et al.，2018）。在这个过程中，核心企业的客户知识协同能力显得尤为重要。这意味着在大数据环境下，高水平的客户知识协同能力能够使合作创新的参与者之间交流、学习顺畅，更容易实践和实现创新。然而，根据吸收能力理论可知，客户知识的转化和利用往往需要通过内部学习、共享知识，将外部的客户知识与组织内部的知识融合起来，将不同职能部门的知识融合起来，如此才能更好地实现创新（Murray，1996；Tell et al.，2016；Taherparvar et al.，2014）。因此，本书提出如下假设：

H3：客户知识协同对内部学习与知识共享具有显著正向影响。

客户知识协同包括从大数据中获取、学习、共享和利用客户知识，通过这一过程发现客户偏好、需求、创意、新兴市场趋势等，可以更好地创新产品（Cui & Wu，2016），满足客户和市场的需求。以客户为中心的学习和实践，促进组织开发符合客户期望和市场需求的产品，从而增加产品创新的可能性（Taherparvar et al.，2014）。客户知识协同对创新绩效有显著正向影响（Cui & Wu，2016）。在C2B供应链中，更加强调以客户为中心，因此客户知识的协同管理水平在很大程度上决定创新的水平和绩效。吸收能力理论认为，企业应吸收来自外部的知识，并将它们与内部知识融合，有利于创新。知识整合文献也指出，实现创新过程的关键是通过合理的知识整合机制将外部客户知识与内部已有的知识进行整合。

因此，本书提出如下假设：

H4a：客户知识协同对产品创新具有显著影响；

H4b：内部学习与知识共享对产品创新具有显著影响。

在大数据环境下，企业通过投资大数据软件、硬件设施、技术和人才，使企业具备大数据获取、整合和分析的能力。通过对企业内部、外部复杂数据的分析，获得比传统数据分析方法无法实现的知识获取、整合和共享水平，从而提高了多组织、多职能协同创新的整体有效性（Del Vecchio et al.，2018；Zeng & Glaister，2018；Bresciani，2018）。在这个过程中，大数据投资使领导企业可以构建协作数字平台，通过这个数字平台企业可以获取、整合、共享大数据，并从中发现有价值的数据和信息，获取知识；知识的获取、交流、学习和应用构成基于大数据的知识管理过程，如客户知识协同；外部获取的客户知识与内部原有的知识整合形成新知识，在这个机制中，又需要客户知识协同与内部学习和知识共享相融合，各参与者相互协作，激活广泛的知识创新过程，形成创新的生态系统，从而实现从属于该数字网络的所有企业能共同创新，包括产品创新（Scuotto，2017；Zeng & Glaister，2018）。大数据驱动的C2B供应链是以客户为中心的知识网络，参与者协作网络，大数据投资同样促进了企业客户大数据的获取和分析能力，其依托核心企业构建的数字平台，将客户知识协同与内部跨职能、跨部门的学习和知识共享联结在一起，形成一个知识生态系统，最终促进企业乃至供应链创新，提高整体创新效率。因此，本书提出如下假设：

H5a：大数据投资通过提升大数据获取与分析促进产品创新；

H5b：大数据投资通过提升大数据获取与分析、客户知识协同，促进产品创新；

H5c：大数据投资通过提升大数据获取与分析、内部学习与知识共享，促进产品创新；

H5d：大数据投资通过提升大数据获取与分析、客户知识协同、内部学习与知识共享，促进产品创新。

### 4.3.3　概念模型

根据 4.2 节和 4.3.1 节的分析，本书提出一个大数据驱动的 C2B 供应链客户知识融合创新概念框架，揭示大数据投资、大数据获取与分析、客户知识协同和内部学习与知识共享如何协同作用，促进产品创新。本概念框架将大数据相关变量考虑进来，研究大数据在以客户为中心的供应链中如何实现知识融合，从而实现产品创新，如图 4.2 所示。

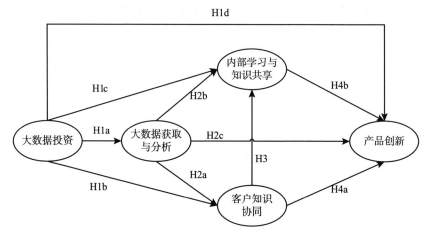

图 4.2　客户知识融合创新概念模型

## 4.4　研　究　设　计

### 4.4.1　样本数据与变量测量

样本与数据。在大数据背景下，基于国家政策的支持，大量企业开始进行数字化转型，展开了大数据的采集、分析与利用工作。本书进行了大数据基础设施系统建设开发，并进行了大数据获取、管理和利用，以大数据能力分析与应用、运营与创新的企业为调研对象，通过问卷开展数据收集工作。研究团队采用三步法制定调查问卷（Christmann，2000）。首先，梳理已经发表的文献，分析相关测量量表，设计初始问卷量表。其次，研究团队邀请学术界和企业界专家参与问卷的讨论并反复修改，为检验问卷的合理性，我们在10家企业进行了尝试性调研，并根据他们的反馈，我们对问卷中表达不清晰、理解有偏差的题项进行了修正，进一步完善了调研问卷。最后，通过以下两种方式进行问卷调研，一是基于研究团队的地理优势，调研重庆、江苏的企业时向调研对象直接发放问卷，并现场收回；二是通过人际关系以及行业微信群募集调研对象，在线发放问卷。为保障数据真实、可靠，发放问卷时，主动告知被调研者填写问卷的目的和规则，并说明问卷涉及的大数据相关概念。同时，问卷中设置"以下哪个描述更符合贵公司目前大数据能力"题项，将没有开展大数据相关工作或开展程度较低的对象以直接跳转结束的形式加以排除；问卷中设置测谎题以保障被调研者真实填写问卷。回收问卷后，根据被调研者回答问卷的情况，综合判断，直接跳转和测谎未通过的，视为无效问卷，进一步保证调研对象大数据能力属于本课题研究范围。

研究团队共发放399份问卷，经审查，累计有效问卷314份，有效率约为78.7%。针对问卷以SPSS 26.0作为分析工具，对回收的有效问卷做统计分析，样本信息的描述性统计如表4.2所示。

**表4.2**　　　　　　　　　　　**问卷的描述性统计分析**

| | 样本特性 | 样本数（份） | 百分比（%） |
|---|---|---|---|
| | IT/软硬件服务/电子商务/因特网运营 | 94 | 29.9 |
| | 制造业 | 84 | 26.8 |
| | 通信/电信运营/网络设备/增值服务 | 21 | 6.7 |
| | 快速消费品（食品/饮料/化妆品） | 19 | 6.1 |
| | 餐饮/娱乐/旅游/酒店/生活服务 | 15 | 4.8 |
| 行业类别 | 教育/培训/科研/院校 | 14 | 4.5 |
| | 银行/保险/证券/投资银行/风险基金 | 14 | 4.5 |
| | 房地产开发/建筑工程/装潢/设计 | 11 | 3.5 |
| | 批发/零售 | 10 | 3.2 |
| | 其他 | 32 | 10.1 |

| 样本特性 | | 样本数（份） | 百分比（%） |
|---|---|---|---|
| 成立年数 | 5 年（含）以下 | 13 | 4.1 |
| | 5~10 年 | 46 | 14.6 |
| | 10~15 年 | 89 | 28.3 |
| | 15~20 年 | 72 | 22.9 |
| | 20 年以上 | 94 | 29.9 |
| 员工人数 | 200 人（含）以下 | 33 | 10.5 |
| | 200~500 人 | 98 | 31.2 |
| | 500~1000 人 | 65 | 20.7 |
| | 1000~3000 人 | 58 | 18.5 |
| | 3000~5000 人 | 22 | 7.0 |
| | 5000~10000 人 | 8 | 2.5 |
| | 10000 人以上 | 30 | 9.6 |
| 近三年平均营业额 | 1000 万元（含）以下 | 12 | 3.8 |
| | 1000 万~3000 万元 | 26 | 8.3 |
| | 3000 万~1 亿元 | 75 | 23.9 |
| | 1 亿~3 亿元 | 63 | 20.1 |
| | 3 亿~10 亿元 | 66 | 21.0 |
| | 10 亿~20 亿元 | 15 | 4.8 |
| | 20 亿元以上 | 57 | 18.2 |
| 被调研者层次 | 高层管理者 | 92 | 29.3 |
| | 中层管理者 | 122 | 38.9 |
| | 基层管理者 | 71 | 22.6 |
| | 普通员工 | 29 | 9.2 |

续表

| 样本特性 | | 样本数（份） | 百分比（%） |
|---|---|---|---|
| 部门 | 研发设计部 | 70 | 22.3 |
| | 行政管理部 | 69 | 22.0 |
| | 市场营销与销售部 | 62 | 19.7 |
| | 制造生产部 | 38 | 12.1 |
| | 客户服务部 | 17 | 5.4 |
| | 人事部 | 14 | 4.5 |
| | 财务部 | 12 | 3.8 |
| | 其他 | 32 | 10.2 |

由表4.2可知，在有效样本中，企业近三年营业额在20亿元以上的占18.2%，3亿~10亿元的占比21.0%，1亿~3亿元的占比20.1%；企业年龄在20年以上的占比22.9%，10~20年的占比51.2%。在被调研者样本中，中高层管理人员所占比例为68.2%，其中，研发技术部门占比22.3%，行政管理部门占比22.0%，营销与销售部门占比19.7%，制造生产部门占比12.1%。被调研企业所在行业主要包括IT/软硬件服务/电子商务/因特网运营占比29.9%、制造业占比26.8%。研究团队还对有效问卷和无效问卷的人口统计学变量进行了t检验，结果表明，两个样本没有显著的差异，不存在被调研对象之间的显著偏差。

变量测量。研究团队对每一个维度（潜变量）使用多个观测变量来测量，以保障每个潜变量的可识别性，与此同时，借助李克特5级量表来测量每个变量。本章所涉及的变量主要包括大数据投资、大数据获取与分析能力、客户知识协同、内部学习与知识共享和产品创新5个变量。

为了说明变量的测量题项来源，以下分别对这些变量的测量量表进行说明。大数据投资，大数据投资（BDI）包括资金、资源分配、人力资源几个方面，共4个题项，具体量表借鉴了德·鲁卡等（De Luca L et al.，2020）、麦卡菲和布林约尔松（McAfee & Brynjolfsson，2012）、万巴（Wamba，2017）的研究成果。大数据获取与分析变量（BDA）参考了约翰逊（Johnson，2017）、古普塔和乔治（Gupta & George，2016）等对大数据获取、内外部数据整合、提取有价值信息等测量。客户知识协同（CKS）参考了霍（Huo，2020，2021）、崔和吴（Cui &

71

Wu，2016）等提出的获取客户信息、与客户交流学习和利用客户知识创新等测量。内部学习与知识共享（IKS）参考了霍等提出的内部不同职能部门之间相互交流、学习和知识共享利用等测量（Huo，2020，2021）。产品创新（PDI）变量从创新程度、技术竞争优势、市场开拓、市场份额和客户对新产品的满意度的测量（Li，2021；Dekoulou & Trivellas，2017；Alegre et al.，2013；Wang et al.，2018）。变量表如表4.3所示。

表 4.3 潜变量及观测变量量表

| 维度（潜变量） | 代码 | 题项（观测变量） | 来源参考文献 |
|---|---|---|---|
| 大数据投资<br>BDI | BDI1 | 相对于我们的预算，我们在大数据项目上投入了大量资金 | De Luca L et al.，2020；McAfee et al.，2012；Wamba et al.，2017 |
| | BDI2 | 在资源分配方面，大数据是一个优先事项 | |
| | BDI3 | 我们雇用了很多新员工来处理大数据 | |
| | BDI4 | 我们拥有较多的大数据相关专业技术人才 | |
| 大数据获取与分析<br>BDA | BDA1 | 我们能够持续、实时地获取企业内部多个来源的各种非结构化或高度动态的数据 | Johnson et al.，2017；Gupta，2016 |
| | BDA2 | 我们能够持续、实时地获取企业外部多个来源的各种非结构化或高度动态的数据 | |
| | BDA3 | 我们能够利用大数据分析软件在公司内跨多个平台或部门调用数据（跨部门整合、连接性） | |
| | BDA4 | 我们能够将内部数据和外部数据整合到一起分析（内外部整合、连接性） | |
| | BDA5 | 我们能够对海量数据进行处理，并提取有价值的信息 | |
| 客户知识协同<br>CKS | CKS1 | 我们公司从我们的大客户那里获得了大量的生产信息 | Huo et al.，2020；Cui & Wu，2016 |
| | CKS2 | 我们的大客户为我们提供了产品创新的关键信息 | |
| | CKS3 | 作为产品开发的一部分，我们公司从我们的大客户那里学到了很多东西 | |
| | CKS4 | 我们公司将从我们的主要客户那里学到的知识应用到新技术的应用中 | |
| | CKS5 | 我们公司有系统地检查以确保我们的主要客户的知识得到利用 | |

| 维度（潜变量） | 代码 | 题项（观测变量） | 来源参考文献 |
|---|---|---|---|
| 内部学习与知识共享 IKS | IKS1 | 内部部门之间相互交流大量产品信息 | Huo et al.，2020 |
| | IKS3 | 内部部门之间相互学习很多有用的东西 | |
| | IKS4 | 内部部门之间的知识交流促进新技术的采用 | |
| 产品创新 PDI | PDI1 | 与市场上的同类产品相比，我们开发了更高程度的新产品 | Li G，2021；Dekoulou & Trivellas，2017；Alegre et al.，2013；Wang et al.，2018 |
| | PDI2 | 我们产品的技术竞争优势是显而易见的（例如专利或技术秘密） | |
| | PDI3 | 我们开发的产品可以快速开拓新市场 | |
| | PDI4 | 我们产品的市场份额高于先前预期 | |
| | PDI5 | 客户对我们开发的产品非常满意 | |

## 4.4.2　共同方法偏误检验

本书采用问卷调研的方法获取数据，尽管调查问卷是匿名填写的，但考虑到所有测量题项均来自同一份问卷，因此有必要对调研数据进行共同方法偏误检验。通过共同方法偏误检验以避免单一样本来源对维度间相关性增大或减小的影响。本书根据莫斯霍尔德等（Mossholder et al.，1998）的研究，采用验证新因子分析 CFA 比较法进行共同方法偏误检验。先将问卷所有题项架构成单因素结构，作为模型 1；再将理论上的 CFA 完全有相关的多因素结构，作为模型 2，通过比较两个模型的自由度、卡方值的变化情况进行检验，如表 4.4 所示。莫斯霍尔德等（Mossholder et al.，1998）的研究指出，如果两个模型存在共同方法偏误，那么，模型 1 和模型 2 的差异不会显著，变化不会很大，而如果两个模型不存在共同方法偏误，那么模型 1 和模型 2 存在显著差异。

**表 4.4　　　　　　　　　　　　共同方法偏误检验**

| 共同方法偏误 | CFA 比较法模型 1（单因素模型）和模型 2（多因素模型）变化 | | | | |
|---|---|---|---|---|---|
| 模型 | c2 | df | Dc2 | Ddf | P |
| 单因素（模型1） | 1165.708 | 209 | 669.842 | 10 | 0.0000 |
| 多因素（模型2） | 495.866 | 199 | | | |

自由度变化为 10，卡方值变化为 699.842，二者的 P 值小于 0.05，模型 1 和模型 2 存在显著差异。因此，本书中存在的共同方法偏误在可接受的范围内，并不影响潜变量（维度）之间的真实关系，能够进行后续数据和模型分析。

# 4.5  数据分析

## 4.5.1  信度与效度检验

本书的 5 个变量为组织层面的变量，但数据来自员工个体，研究团队首先对数据进行了组内同质性和组间差异性检验，数据如果不满足聚合条件，那么将不适合汇聚到企业层面。因此，运用 Mplus 8 软件对测量量表进行信度和效度检验，如表 4.5 所示。

表 4.5  主要变量信度和效度检验

| 维度<br>Dimention | 题项<br>Items | 非标准化系数<br>Unstd. | 标准误差<br>S. E. | Z 值 | P 值 | 标准化系数<br>Std. | 克朗巴哈系数<br>Cronbach's α | 组合信度<br>CR | 收敛效度<br>AVE |
|---|---|---|---|---|---|---|---|---|---|
| 大数据投资<br>BDI | BDI1 | 1.000 | | | | 0.776 | 0.839 | 0.8794 | 0.5943 |
| | BDI2 | 0.912 | 0.076 | 12.071 | 0 | 0.700 | | | |
| | BDI3 | 1.210 | 0.096 | 12.626 | 0 | 0.725 | | | |
| | BDI4 | 1.289 | 0.091 | 14.239 | 0 | 0.831 | | | |
| 大数据获取与分析<br>BDA | BDA1 | 1.000 | | | | 0.821 | 0.898 | 0.9155 | 0.6436 |
| | BDA2 | 1.061 | 0.066 | 16.065 | 0 | 0.798 | | | |
| | BDA3 | 0.996 | 0.064 | 15.534 | 0 | 0.770 | | | |
| | BDA4 | 1.032 | 0.061 | 16.978 | 0 | 0.816 | | | |
| | BDA5 | 1.031 | 0.064 | 16.039 | 0 | 0.793 | | | |

续表

| 维度<br>Dimention | 题项<br>Items | 非标准化系数<br>Unstd. | 标准误差<br>S. E. | Z 值 | P值 | 标准化系数<br>Std. | 克朗巴哈系数<br>Cronbach's α | 组合信度<br>CR | 收敛效度<br>AVE |
|---|---|---|---|---|---|---|---|---|---|
| 客户知识协同<br>CKS | CKS1 | 1.000 | | | | 0.786 | 0.901 | 0.9186 | 0.653 |
| | CKS2 | 1.175 | 0.076 | 15.539 | 0 | 0.808 | | | |
| | CKS3 | 1.158 | 0.073 | 15.767 | 0 | 0.811 | | | |
| | CKS4 | 1.127 | 0.075 | 15.031 | 0 | 0.784 | | | |
| | CKS5 | 1.263 | 0.076 | 16.620 | 0 | 0.844 | | | |
| 内部学习与<br>知识共享<br>IKS | IKS1 | 1.000 | | | | 0.789 | 0.836 | 0.8787 | 0.6442 |
| | IKS2 | 1.089 | 0.070 | 15.612 | 0 | 0.814 | | | |
| | IKS3 | 1.131 | 0.075 | 15.039 | 0 | 0.793 | | | |
| 产品创新<br>PDI | PDI1 | 1.000 | | | | 0.791 | 0.903 | 0.9189 | 0.6539 |
| | PDI2 | 1.165 | 0.072 | 16.274 | 0 | 0.823 | | | |
| | PDI3 | 1.113 | 0.069 | 16.090 | 0 | 0.812 | | | |
| | PDI4 | 1.063 | 0.068 | 15.667 | 0 | 0.792 | | | |
| | PDI5 | 1.010 | 0.063 | 16.066 | 0 | 0.819 | | | |

由表4.5可知，5个主要维度因子载荷均在0.7以上，表明以上5个主要维度均可有效地被各观测变量反映。其中各维度的Cronbach's α系数值均高于参考值0.7，一般认为，α系数大于等于0.7是可以接受的（Hair et al., 2009），这表明单个维度内各个题项的内部一致性较好。组合信度（CR）用来测量结构方程（SEM）中维度指标的一致性程度，黑尔（Hair et al., 2009）等认为CR值大于0.7，则维度指标具有较好的一致性，由表4.5可知，本书中的各维度CR值大于0.7。因此，5个主要维度指标具有较好的一致性。收敛效度（AVE），即平均方差抽取量，反映了维度对测量指标的平均解释能力，当AVE值大于0.5时，被认为该维度对测量指标的平均解释能力较好（Hair et al., 2014）。由表4.5可知，本书中各维度的AVE值大于参考标准0.5，对测量指标的平均解释能力较好。以上信度和效度检验表明模型的收敛效度较好。

区分效度（discriminant validity）是指在一项测验中，能够在统计上证明这些构念（construct）或者维度之间不存在相关关系，且与预设一致，那么便可以认为这项测验具有区分效度。下面，本书对 5 个主要维度的区分效度进行检验，如表4.6 所示。

表 4.6 维度（潜变量）区分效度检验

| | BDI | BDA | CKS | IKS134 | PDI |
|---|---|---|---|---|---|
| BDI | **0.771** | | | | |
| BDA | 0.457 | **0.802** | | | |
| CKS | 0.438 | 0.722 | **0.808** | | |
| IKS | 0.402 | 0.736 | 0.727 | **0.803** | |
| PDI | 0.423 | 0.778 | 0.770 | 0.801 | **0.809** |

注：黑体数字为 AVE 平方根，其他为 Pearson 相关系数。

由表 4.6 可知，各维度左下角相关系数比对角线系数（AVE 开根号值）低，这表明每个维度能够跟其他维度进行较好的区分，数据符合要求，模型可以做进一步分析。

### 4.5.2 拟合优度检验

拟合优度检验，是一种用卡方统计量对模型拟合程度进行统计显著性检验的方法，它描述样本与理想模型之间差异的大小，以此来判断模型与数据是否拟合较好。在统计学中，一般认为卡方值是衡量一个模型拟合情况的指数之一，其最小值是 0，没有最大值。如果一个模型卡方值越小，则表明模型越好，如果卡方值对应的显著性概率 P 值小于 0.01，则认为模型拟合不好；反之，如果卡方值 P 值不显著，则认为模型可以接受（温忠麟，2012）。在结构方程模型中，CFI（comparative fit index）比较拟合指数、TLI（Tucker – Lewis index）相对拟合指数、RMSEA（root mean square error of approximation）近似误差均方根和 SRMR（standardized root mean square residual）标准化误差均方根，这 4 个指标是统计学性质较好的拟合指数（王阳等，2022）。一般认为，CFI、TLI 不低于 0.9（Bentler & Bonett，1980），RMSEA 和 SRMR 不高于 0.08（Browne & Cudeck，1993），模型可以接受。模型的拟合优度检验如表4.7 所示。

表4.7 模型拟合优度检验

| 拟合指标 | $\chi^2/\mathrm{df}$ | RMSEA | SRMR | CFI | TFI |
|---|---|---|---|---|---|
| 检验值 | 2.492 | 0.069 | 0.034 | 0.940 | 0.930 |
| 参考值 | <3.000 | <0.080 | <0.080 | >0.900 | >0.900 |

注：$\chi^2/\mathrm{df}$ 为卡方自由度之比值。

由表4.7可知，本章建立的模型具有较好的拟合优度。

为了检验模型的好坏，要进一步做验证性因子分析模型比较。该方法将模型中相关性高的因子进行合并，进行验证性因子分析，然后比较不同数量因子的模型的拟合度大小来判断选择拟合度最优的模型。

针对本书中的结构方程模型做验证性因子分析，结果如表4.8所示。

表4.8 验证性因子分析结果

| 拟合指标 | $\chi^2$ | df | $\chi^2/\mathrm{df}$ | RMSEA | SRMR | CFI | TLI | 模型比较 | | |
|---|---|---|---|---|---|---|---|---|---|---|
| | | | | | | | | 模型比较 | $\Delta\chi^2$ | $\Delta\mathrm{df}$ |
| 1. 基准模型（五因子） | 495.866 | 199.000 | 2.492 | 0.069 | 0.034 | 0.940 | 0.930 | | | |
| 2. 四因子模型一 | 837.705 | 203.000 | 4.127 | 0.100 | 0.065 | 0.872 | 0.854 | 2 vs. 1 | 341.839 | 4.000 |
| 3. 四因子模型二 | 520.654 | 203.000 | 2.565 | 0.071 | 0.035 | 0.936 | 0.927 | 4 vs. 1 | 24.788 | 4.000 |
| 4. 四因子模型三 | 608.192 | 203.000 | 2.996 | 0.080 | 0.040 | 0.918 | 0.907 | 3 vs. 1 | 112.326 | 4.000 |
| 5. 三因子模型 | 672.845 | 206.000 | 3.266 | 0.085 | 0.041 | 0.905 | 0.894 | 5 vs. 1 | 176.979 | 7.000 |
| 6. 二因子模型 | 1012.573 | 208.000 | 4.868 | 0.111 | 0.068 | 0.837 | 0.819 | 6 vs. 1 | 516.707 | 9.000 |
| 7. 单因子模型 | 1165.708 | 209.000 | 5.578 | 0.121 | 0.074 | 0.806 | 0.786 | 7 vs. 1 | 669.842 | 10.000 |

注：1. 基准模型（五因子）；

2. 四因子模型（BDI&BDA）：将大数据投资与大数据获取和分析合并为一个因子；

3. 四因子模型（IKS&PDI）：将内部学习与知识共享和产品创新合并为一个因子；

4. 四因子模型（CKS&IKS）：将客户知识协同与内部学习和知识共享合并为一个因子；

5. 三因子模型（PDI&CKS&IKS）：将客户知识协同、内部学习与知识共享、产品创新合并为一个因子；

6. 二因子模型（BDI&BDA，PDI&CKS&IKS）将大数据投资与大数据获取和分析合并为一个因子；将客户知识协同、内部学习与知识共享、产品创新合并为一个因子；

7. 单因子模型（PDI&BDI&BDA&CKS&IKS）：将大数据投资、大数据获取与分析、客户知识协同、内部学习与知识共享、产品创新合并为一个因子。

由表 4.8 可知，四因子模型、三因子模型、二因子模型及单因子模型与基准五因子模型比较，基准五因子模型的$\chi^2 = 495.866$，$df = 199.000$，$\chi^2/df = 2.492$，小于参考标准 3，RMSEA = 0.069、SRMR = 0.034 均小于 0.08，CFI = 0.940、TLI = 0.930 均大于 0.9，各指标均优于其他模型。因此，本书涉及的各个变量有良好的区分效度。与此同时，7 个模型的比较也进一步说明基准的五因子模型拟合度最佳。

### 4.5.3　路径关系检验

本书采用了结构方程模型 SEM 研究大数据驱动的供应链客户知识融合路径，使用 Mplus 8 软件进行结构方程建模，并验证变量间的作用关系，路径分析结构如表 4.9 所示。

**表 4.9** 　　　　　　　　　　　　　　路径关系检验结果

| 假设 | 路径关系 | 非标准化系数 | 标准误 | Z 值 | P 值 | 标准化系数 | 假设检验 |
|------|----------|--------------|--------|------|------|------------|----------|
| H1a | BDI→BDA | 0.547 | 0.069 | 7.898 | 0 | 0.521 | 支持 |
| H1b | BDI→CKS | 0.101 | 0.052 | 1.941 | 0.052 | 0.106 | 不支持 |
| H1c | BDI→IKS | − 0.006 | 0.048 | − 0.116 | 0.908 | − 0.006 | 不支持 |
| H1d | BDI→PDI | 0.003 | 0.044 | 0.058 | 0.954 | 0.002 | 不支持 |
| H2a | BDA→CKS | 0.683 | 0.062 | 11.016 | 0 | 0.748 | 支持 |
| H2b | BDA→IKS | 0.456 | 0.078 | 5.816 | 0 | 0.507 | 支持 |
| H2c | BDA→PDI | 0.223 | 0.088 | 2.518 | 0.012 | 0.216 | 支持 |
| H3 | CKS→IKS | 0.422 | 0.082 | 5.132 | 0 | 0.428 | 支持 |
| H4a | CKS→PDI | 0.239 | 0.089 | 2.686 | 0.007 | 0.212 | 支持 |
| H4b | IKS→PDI | 0.641 | 0.122 | 5.237 | 0 | 0.56 | 支持 |

由表 4.9 可知，假设 H1a、H2a、H2b、H2c、H3、H4a、H4b 对应的标准化系数分别为 0.521、0.748、0.507、0.216、0.428、0.212、0.560，P 值均小于 0.05，假设显著成立。根据表 4.9 可知，大数据投资对大数据的获取与分析具有显著的正向影响，P 值小于 0.001，对应的标准化系数为 0.521；而对客户知识协同、内部学习与知识共享和产品创新均不存在影响，P 值大于 0.05，假设 H1b、H1c、H1d 不成立。大数据获取与分析对客户知识协同、内部学习与知识共享和产品创新均有显著的正向影响。客户知识协同对内部学习与知识共享具有显著的

正向影响,对产品创新也具有显著的正向影响。内部学习与知识共享对产品创新具有显著的正向影响,如图4.3所示。

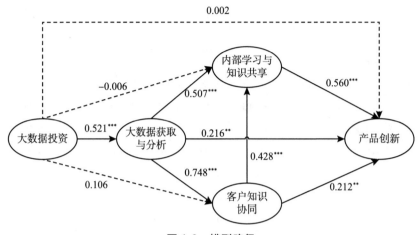

**图4.3 模型路径**

注:** 表示 P < 0.05, *** 表示 P < 0.001, 虚线表示没有得到实证支持的原假设。

## 4.5.4 中介效应检验

以上分析研究了各维度变量的相互关系,其中一些维度变量在实现产品创新的过程中扮演了中介变量的角色。那么,他们的中介效应是完全中介还是部分中介,中介效应有多大,这需要进一步做中介效应检验。采用 Bootstrapping 方法对样本进行 1000 次抽取,在设定 95% 的置信区间下,对大数据投资和产品创新的中介效应进行显著性检验,如表 4.10 所示。

表 4.10                      中介效应检验结果

| 路径关系 | 点估计 | 系数衍生值 | | Bootstrapping 检验 | | | |
|---|---|---|---|---|---|---|---|
| | | | | bias-corrected 95% CI | | percentile 95% CI | |
| | | SE | Z | 下限 | 上限 | 下限 | 上限 |
| 中介效应、直接效应、总效应检验 | | | | | | | |
| BDI→BDA→PDI(BBP) | 0.122 | 0.114 | 1.067 | −0.043 | 0.333 | −0.033 | 0.355 |
| BDI→BDA→CKS→PDI(BCP) | 0.089 | 0.07 | 1.271 | −0.043 | 0.247 | −0.069 | 0.223 |

| 路径关系 | 点估计 | 系数衍生值 | | Bootstrapping 检验 | | | |
|---|---|---|---|---|---|---|---|
| | | | | bias-corrected 95% CI | | percentile 95% CI | |
| | | SE | Z | 下限 | 上限 | 下限 | 上限 |
| 中介效应、直接效应、总效应检验 | | | | | | | |
| BDI→BDA→IKS→PDI（BIP） | 0.16 | 0.104 | 1.538 | 0.036 | 0.392 | 0.016 | 0.33 |
| BDI→BDA→CKS→IKS→PDI（BCIP） | 0.101 | 0.067 | 1.516 | 0.028 | 0.353 | 0.014 | 0.263 |
| DE（直接效应） | 0.003 | 0.054 | 0.047 | -0.105 | 0.11 | -0.110 | 0.108 |
| TIE（间接效应） | 0.472 | 0.096 | 4.917 | 0.318 | 0.714 | 0.305 | 0.689 |
| TE（总效应）（DE + TIE） | 0.475 | 0.109 | 4.361 | 0.294 | 0.743 | 0.287 | 0.718 |
| 中介效应比较 | | | | | | | |
| BBP VS BCP | 0.033 | 0.151 | 0.215 | -0.205 | 0.313 | -0.164 | 0.373 |
| BBP VS BIP | -0.038 | 0.194 | -0.198 | -0.46 | 0.175 | -0.313 | 0.255 |
| BBP VS BCIP | 0.021 | 0.136 | 0.153 | -0.259 | 0.262 | -0.213 | 0.285 |
| BCP VS BIP | -0.071 | 0.121 | -0.584 | -0.309 | 0.121 | -0.299 | 0.126 |
| BCP VS BCIP | -0.012 | 0.111 | -0.107 | -0.364 | 0.116 | -0.303 | 0.139 |
| BIP VS BCIP | 0.059 | 0.134 | 0.440 | -0.178 | 0.243 | -0.181 | 0.243 |
| 中介效应占比 | | | | | | | |
| P1 | 0.258 | 0.196 | 1.319 | -0.17 | 0.573 | -0.073 | 0.645 |
| P2 | 0.189 | 0.140 | 1.354 | -0.12 | 0.417 | -0.148 | 0.406 |
| P3 | 0.339 | 0.174 | 1.946 | 0.077 | 0.714 | 0.041 | 0.664 |
| P4 | 0.214 | 0.133 | 1.615 | 0.049 | 0.606 | 0.033 | 0.551 |
| R（TIE/TE） | 0.995 | 0.127 | 7.839 | 0.806 | 1.301 | 0.813 | 1.308 |

注：BBP 表示 BDI→BDA→PDI，即大数据投资→大数据获取与分析→产品创新；BCP 表示 BDI→BDA→CKS→PDI，即大数据投资→客户知识协同→产品创新；BIP 表示 BDI→BDA→IKS→PDI（BIP），即大数据投资→大数据获取与分析→内部学习与知识共享→产品创新；BCIP 表示 BDI→BDA→CKS→IKS→PDI，即大数据投资→大数据获取与分析→内部学习与知识共享→客户知识协同→产品创新。SE 为标准误；Z 为 Z 值。

　　由表 4.10 可知，中介效果检验结果显示，大数据投资与产品创新之间的总效应为 0.475，其中，"大数据投资→大数据获取与分析→产品创新"（BBP）与路径"大数据投资→客户知识协同→产品创新"（BCP）两条中介路径并不存在显著差异，说明这两条路径并不存在显著的中介效应，假设 H5a、H5b 没有得到支持,不成立;中介路径"大数据投资→大数据获取与分析→内部学习与知识共享→产品创新"(BIP)、"大数据投资→大数据获取与分析→内部学习与知识共享→客户知识协同→产品创新"(BCIP)存在显著差异,其中介效应分别为0.160和0.101,对应的中介效应Bootstrapping检验下的修正偏态置信区间均不包含0,中介效应显著,假设H5c、H5d成立。多重中介效应"大数据投资→大数据获取与分析→内部学习与知识共享→产品创新"(BIP)、"大数据投资→大数据获取与分析→内部学习与知识共享→客户知识协同→产品创新"(BCIP)占总效应(TE)的比例分别为33.9%和21.4%。直接效应不显著,而多重链式中介效应BIP、BCIP占总中介效应显著,且比例比较高。由此可知,在本模型中,存在完全中介效应,且表现为多重链式中介。

多重链式中介模型弥补了直接影响的损失,以往的研究没有考虑客户知识与内部跨职能学习和知识共享之间的内部影响关系,也缺乏大数据驱动因素的考虑。因此,在一定程度上低估了他们对产品创新产生的作用。

## 4.6 融合创新路径与机制

本书通过构建SEM模型对大数据投资、大数据的获取与分析、客户知识协同、内部学习与知识共享和产品创新之间相互作用的路径关系分析表明,大数据驱动下的客户知识融合创新通过大数据投资、大数据获取与分析、融合客户知识协同与内部已有知识,重新构筑知识体系和能力,作用于产品创新,提高创新绩效。

大数据投资水平对大数据获取与分析具有显著的正向影响。虽然大数据投资是提升大数据获取与分析能力的重要前提,但不足以直接影响客户知识协同、内部学习与知识共享,也不能直接促进产品创新。然而,大数据投资是供应链企业展开大数据分析和整合,将企业外部的客户知识与内部原有知识融合进行知识创新,进而实现产品创新的基础。因此,企业应该加大对大数据投资的力度,以提高其获取和分析大数据的能力,从而为后续的客户知识协同、内部学习与知识共享和产品创新打下坚实的基础。例如,A企业是一家在多个国家经营的跨国零售组织。随着各种渠道产生的客户数据量的不断增加,他们认识到需要投资大数据能力以改善数据采集和集成流程。首先,他们进行了基础设施的升级改造,通过实施高性能存储系统、基于云的数据平台和先进的数据处理技术,使他们能够更有效地处理大规模数据集，并促进跨多个数据源的无缝集成。其次，采用先进的数据集成工具和构建数据仓库。为了增强数据采集和集成能力，A企业采用了业界领先的数据集成工具，这些工具提供了数据映射、数据转换和数据清理等功能，使它们能够从各种来源提取、转换和加载数据到统一的数据存储库。这个统一的数据存储库以原始格式存储来自不同来源的原始数据，并将数据转换并结构化为更易于访问的分析和报告格式。再次，构建数据治理体系。建立数据治理策略、数据管理角色和数据质量监控机制，以确保获得的数据准确、可靠，并符合法规要求；加强数据获取工作，特别是来自企业外部的数据，可考虑与外部数据提供商建立战略合作伙伴关系、与市场研究公司、社交媒体平台和客户行为跟踪公司合作以获取额外的数据源，以丰富整体数据集，并发现消费者趋势、偏好和市场动态等有价值的信息。最后，大数据人才的招聘与培训。让熟练的专业人员来管理数据获取和分析过程有利于提高工作效率，大数据投资也要考虑专业数据分析师、工程师的招聘和现有员工的大数据分析技能提升。通过在大数据基础设施、工具、人才和合作伙伴方面的大量投资，A企业改变了他们的数据采集和集成流程。他们实现了更高的数据质量，简化了工作流程，增强了数据可访问性，最终使他们能够充分利用大数据的潜力，推动业务增长和提升竞争优势。

大数据获取与分析是连接大数据投资和客户知识协同、内部学习与知识共享和产品创新的关键中介变量，它可以有效地将大数据投资转化为企业的知识资产和创新能力。由本章的实证分析可知，大数据获取与分析对客户知识协同、内部学习与知识共享有显著的直接正向影响。而且，基于大数据获取与分析，将客户知识与内部已有知识进行融合，即通过客户知识协同和内部学习与知识共享两个变量的多重中介共同作用，对产品创新产生显著的正向影响，即多重中介作用显著。显然，大数据投资本身并不能直接提升企业的客户知识协同、内部学习与知识共享和产品创新能力，而是需要通过大数据获取与分析，即企业利用技术和人才从大数据中挖掘知识以获取商业洞见的能力，来实现数据的价值转化。大数据获取与分析能力可以帮助企业从外部获取市场、竞争者、技术等知识，也可以帮助企业内部创造新的知识组合，从而促进企业的知识资产和创新能力的形成和提升。例如，B公司，作为一家专门从事消费电子产品的开发和制造的公司，在认识到大数据的潜在价值后，他们不仅在获取和分析各种来源的大数据方面进行了大量投资，包括客户互动、销售交易和社交媒体平台，还通过提高大数据获取与分析能力，将原始数据转化为有价值的知识资产。凭借增强的大数据采集和整合能力，该公司获得了更深入的客户洞察。他们可以从收集的数据中分析客户的行为模式、偏好和情绪。这些知识使他们能够更好地了解客户的需求，定制产品和服务，并提供个性化的体验。例如，通过分析客户反馈和购买历史，他们可以识别新兴趋势，并确定产品开发创新的方向和具体的功能点。但大多数时候，客户知识并不能单独实现创新，需要与企业的内部知识融合，如此才能实现企业的创新。获取客户知识后，该公司跨部门交流、学习和共享知识，并将这些客户知识与企业内部原有知识融合创造出新知识，从而实现客户知识的利用。通过数据驱动的协作和知识共享平台，员工可以分享最佳实践，相互学习经验，共同推动创新。因此，大数据的获取与分析是实现客户知识融合创新的一个关键的中介变量。通过对大数据基础设施、技术和人才进行投资，从而有效地获取和分析各种数据源，使他们能够提取有价值的知识，促进客户知识协同与内部学习，推动产品创新。

企业应该建立有效的机制，并利用其大数据获取与分析，将大数据转化为有价值的客户知识，并将客户知识传递给内部员工，促进内部学习与知识共享。客户知识为产品创新提供思路、方向和创新点，但客户知识本身并不能直接实现产品创新。在大多数情况下，客户知识获取后，是通过被企业员工吸收，与企业原有的知识相融合产生新的知识，进而用于产品创新。企业的客户知识协同对内部员工学习与知识共享具有正向的显著影响，并作为中介变量连接大数据获取与分析、内部学习与知识共享，但在本书中，纯粹的客户知识协同对产品创新的影响不显著，这印证了上述观点。因此，一方面，企业要基于大数据获取与分析，获取客户知识，向客户学习；另一方面，要促进内部员工跨职能协作，以有效共享和利用客户知识，从而共同推进产品创新。例如，零售行业的公司，从各种来源，如客户交易、忠诚度计划、在线互动和社交媒体，收集大量异质性数据，通过大数据获取与分析平台，打破数据"孤岛"，将这些数据转化为有价值的客户知识资产，并建立内部协作学习平台，将客户知识传递给不同部门的员工，鼓励员工通过内部实践社区共享知识，打破职能壁垒，促进跨职能学习。在这个过程中，客户知识通过跨职能跨部门的融合被整合到决策中，推动了数据驱动的决策，以客户为中心的产品创新。

产品创新是大数据驱动的 C2B 供应链客户知识融合创新路径的最终目标，它受大数据投资、大数据获取与分析、客户知识协同和内部学习与知识共享的正向影响。投资建设大数据基础设施、数据存储和处理系统，以及数据分析工具，公司能够获得更多先进的数据采集技术和更全面的数据渠道，从而提升大数据获取与分析能力。大数据获取与分析涉及数据采集、数据整合和数据分析等方面的技术和能力，通过有效地获取和分析大数据，公司从中提取有价值的客户知识。通过建立客户知识协同系统和流程，公司能够有效地整合、存储和应用从大数据中获得的客户知识，从而帮助公司更好地理解客户需求、行为和偏好，从而指导产品创新的方向和决策。内部学习与知识共享在促进产品创新中发挥着重要作用。建立良好的学习机制和知识共享平台，公司能够将客户知识分享给内部员工，促进内部学习和知识的传递，促进不同部门之间的协作与合作，以实现产品创新。

综上所述，大数据投资、大数据获取与分析、客户知识协同以及内部学习与知识共享，推动 C2B 供应链客户知识融合创新。这些因素相互关联，共同促进产品创新的实现，使企业能够不断适应市场变化，提供满足客户需求的创新产品。

# 4.7　本 章 小 结

在 C2B 供应链中，客户大数据和知识是推动企业创新的重要资源。然而，由于客户大数据和知识的来源、分布和特征的多样性和复杂性，如何有效地获取、整合和利用这些资源是企业面临的一个重要挑战。基于大数据驱动，客户知识独有的特点，首先厘清大数据在供应链内的分布及作用，进而从供应链企业大数据驱动角度提取大数据投资、大数据获取与分析、客户知识协同、内部学习与知识共享，以及产品创新五个变量，研究了在大数据环境下客户知识如何融合进行产品创新。

首先，本章在前面几章研究的基础上，结合访谈和资料分析，厘清 C2B 供应链客户大数据、知识的来源、分布及特征。本书认为，客户大数据和知识可以分为以下三类：一是客户需求数据和知识，即反映客户对产品或服务的偏好、需求和期望的数据和知识；二是客户反馈数据和知识，即反映客户对产品或服务的评价、满意度和忠诚度的数据和知识；三是客户协同数据和知识，即反映客户与企业或其他客户之间的交流、协作和创新的数据和知识。这三类客户大数据和知识分别产生于不同的环节，如需求调研（营销销售环节）、定制设计（研发生产环节）、物流、产品使用、售后服务等，而且具有不同的形式、内容和价值。本书根据这些特点，构建基于大数据驱动的供应链客户知识融合过程模型，以揭示客户大数据和知识在 C2B 供应链中的转化机制和创新作用。

其次，本章分析客户大数据产生于客户端，却贯穿"营销—研发—生产"全流程的特点，并针对这个过程中大数据驱动下客户知识如何融合创新这一主题，提炼关键变量，构建结构方程模型。本书认为，客户知识在供应链中的流动和利用依赖三个条件：一是企业对客户知识的获取能力，即企业能够有效地收集、存储和管理不同渠道的客户大数据，并将其转化为有价值的客户知识；基于这一条件，提取大数据投资、大数据获取与分析这两个维度变量，进入结构方程模型。二是企业对客户知识的共享能力，即企业能够有效地在供应链内部或外部传递、交换和沟通客户知识，并消除信息不对称和障碍；基于这一条件，提取了客户知识协同、内部学习与知识共享两个维度变量。三是企业对客户知识的应用能力，即企业能够有效地利用客户知识进行产品或服务的设计、开发、生产、营销等活动，并实现创新效果，基于这一条件，本章以产品创新为例，提取产品创新这一变量进入结构方程模型。通过上述五个变量构建客户知识融合创新结构方程模型，并通过实证分析，对客户知识融合的路径与创新绩效的影响程度和方向进行研究，并提出融合路径与融合机制。

最后，本书通过构建 SEM 模型对大数据投资、大数据的获取与分析、客户知识协同、内部学习与知识共享和产品创新之间相互作用的路径关系分析表明，大数据驱动下的客户知识融合创新通过大数据投资、大数据获取与分析、客户知识协同与内部已有知识，重新构筑知识体系和能力，进而作用于产品创新，提高创新绩效。其中，大数据投资水平对大数据获取与分析具有显著的正向影响；大数据获取与分析对客户知识协同、内部学习与知识共享有显著的直接正向影响；内部学习与知识共享、客户知识协同对产品创新具有显著的正向影响；路径"大数据投资→大数据获取与分析→内部学习与知识共享→产品创新"（BIP）、"大数据投资→大数据获取与分析→内部学习与知识共享→客户知识协同→产品创新"（BCIP）存在显著的中介效应。由这些分析结果可知，大数据获取与分析是连接大数据投资和客户知识协同、内部学习与知识共享和产品创新的关键中介变量，它可以有效地将大数据投资转化为企业的知识资产和创新能力。大数据投资本身并不能直接提升企业的客户知识协同、内部学习与知识共享和产品创新能力，而是通过大数据获取与分析，即企业利用技术和人才从大数据中挖掘知识以获取商业洞见的能力来实现数据的价值转化。多重链式中介模型弥补了直接影响的损失，以往的研究没有考虑客户知识协同与内部跨职能学习和知识共享之间的内部影响关系，融合过程也缺乏大数据驱动的视角。因此，在一定程度上低估了他们对产品创新产生的作用。

总的来说，一方面，企业要基于大数据获取与分析，获取客户知识，向客户学习；另一方面，要促进内部员工跨职能协作，以有效地将客户知识与内部已有技术知识、专业知识融合起来，创造新知识，最终达到共同推进产品创新的目的。

# 大数据驱动的 C2B 供应链客户
# 知识融合创新激励机制

要实现创新目标，还需要组织之间的协作。从客户知识管理的角度来看，供应链上游的制造商与下游分销系统的各经销商、零售商的知识共享协作成为关键。供应链节点企业作为独立的经济法人具有独立的利益诉求，且组织边界的存在（Dixon，1992；Hult，2011）、相互独立的流程（Sanders，2014）形成了供应链客户知识融合创新的主要障碍。而组织通过设计激励机制，可以激发合作、信任，调动参与成员的积极性和协作性，从而实现组织的共同目标（Hart，1990；Milgrom & Holmstrom，1991；Milgrom & Holmstrom，1994）。基于此，供应链企业可以设计激励机制来缓解或破除知识融合创新的障碍。本章基于激励理论，从供应链上游的制造商角度设计激励机制，以激励下游参与客户知识融合的企业的积极性和协作行为，以促进创新实现。

## 5.1　融合创新激励背景

数字经济的崛起使大数据对企业获取客户信息和知识从而进行更加精准的科学决策起到的作用越来越重要。同时，随着客户对产品个性需求的提高，客户数据中蕴含的客户知识也愈加丰富，处于供应链上游的制造商要实现客户知识融合创新，需要对与客户有更多的直接交互的零售商进行有效激励（沈娜利，2018）。尤其是在今天，客户个性化、多样化的需求倒逼传统供应链变革，成为以客户为中心的 C2B 供应链，这对作为供应链核心企业的制造商提出了新的要求，要求其重新审视与经销商或零售商，尤其是电子零售商之间的激励关系。

戴国良（2013）认为，C2B 模式的特征包括消费者作为中心与主导，并且参与到设计与生产环节等，但其最独特的特征是生产发生在消费者提出需求之后，以满足消费者的个性化需求，更好地实现定制化生产。发展 C2B 个性化定制是当下制造企业转型升级的重要手段，梁等（Liang et al.，2019）提出了一种将智能代理应用于 C2B 电子商务过程的系统，可以减少收集买方信息、交易成本与卖方协商的努力成本。马婧和吴清烈（2018）提出了适用于 C2B 个性化定制的分步式智能推荐算法，可以更好地引导顾客的产品定制与决策，并提高定制效率。企业所处的环境瞬息万变、纷繁复杂，商业竞争的不断加剧使其更加关注供应链内企业间的合作。李健等（2017）基于两阶段 C2B 电子商务交易，研究有限理性消费者的退货行为对供应链成员的影响，提出制造商可以通过调节退货后的回购价格来协调第一阶段的售后发展对第二阶段交易的影响，以降低退货损失风险，实现收益最大化（李健等，2017）；但斌等（2018）以拼好货为例，分析出生鲜农产品供应链 C2B 商业模式可行路径的五大要素及其之间的关系，并从价值的发现、创造及实现出发创造性地设计出这种商业模式的可行路径，以推动生鲜农产品供应链成员企业和商业模式整体实现创新（但斌等，2018）。因此，对于 C2B 供应链，供应链成员企业可以通过采取有效的方式促进成员之间相互合作，以制造商为例，在大数据驱动下，制造商可以设计有效的激励机制促进零售商共享、参与客户知识融合创新，在此基础上进行创新以保持整条供应链的竞争优势，提高效率。

在大数据驱动下，以 C2B 为视角研究供应链客户知识创新激励的重要性日渐凸显。在电子商务平台和物流行业快速发展的背景下，网购供应链在市场中开始占据越来越高的份额（孟秀丽等，2020），单纯依靠线下销售的企业在电子零售商的严重冲击下已经难以维持正常经营，以电商形式存在的零售商日益增多，因此在电子商务的大环境下，人们对供应链渠道间的委托代理问题的重视程度也日益提高。由于制造商和电子零售商作为供应链上的成员都是独立的利益个体，两个独立个体利益不一致的情况十分常见，而电子零售商更接近消费者，线上交互的方式也使电子零售商更容易获得客户知识。另外，由于电子商务不受时间和空间的限制，电子零售商的总体量次较大，且有的电子零售商经营多个品牌，对客户接触、购买、评价竞争者的相关数据和知识也更加了解。因此，总体而言，他们可以比单个制造商更加了解消费者的个性化需求，并有能力将客户大数据转化为客户知识，但如果电子零售商只为自己的利益不与制造商共享其拥有的客户知识，不参与知识的融合创新过程，那么，制造商难以生产出满足市场需求的商品，不仅损害了供应链成员的利益，也降低了整条供应链的效率。虽然已有文献研究了由单个制造商与单个电子零售商组成的供应链的协调与激励机制的典型情况，但鲜有考察基于C2B供应链客户知识融合创新视角的一个制造商对应多个电子零售商客户知识融合创新过程中的激励情况。在大量的机制设计研究文献中，比较经典的模型是从一对一开始进行研究，例如，一个制造商对一个零售商或供应商等，进而扩展到一对多、多对多；其中一对一、一对多的模型较为多见。基于此，既要考虑激励机制设计的经典性，又要考虑对企业应用的适用性，因而本章的研究以一种由单个制造商和多个电子零售商组成的供应链为主要研究对象，研究C2B供应链客户知识融合创新激励机制。

## 5.2　融合创新激励问题与模型假设

### 5.2.1　激励问题描述

本章以一种由单个制造商和多个电子零售商组成的供应链为主要研究对象，研究C2B供应链客户知识融合创新激励机制。基于此，本节主要对融合创新激励问题与模型假设进行描述。

在大数据环境下，竞争由不同企业之间的竞争扩大到不同供应链之间的竞争（Mishra，2016a）。将大数据引入供应链可以促进供应链成员的数据共享，与此同时，深度挖掘与分析关键业务数据可以实现市场需求精准预测、成本优化与整体效率提升（李国刚，宫小平，2018）。制造商的生产策略不仅依赖自己的决策，还依赖下游供应链成员零售商的决策（张雪梅，2011）。在互联网经济下，由于消费者的消费习惯不断改变，客户更加重视产品品质与产品的个性化（肖迪，侯书勤，2017），传统的线下零售由于地理因素、店铺规模等限制难以满足客户多样的个性化需求，线上零售则可以打破空间距离，使客户可以在众多电子零售商中自由选择，最后选择最贴合自己需求的电子零售商。电子零售商可以更多地控制与最终目标产品有关的不同需求的客户（张雪梅，2011），与消费者进行广泛而紧密的接触，比制造商更清楚地了解自己客户的个性化需求，并通过线上渠道对终端客户资源加强控制（杨浩雄等，2017），掌握海量客户数据且有能力进行加工，处于客户知识的优势方。而制造商虽然能通过直销渠道与消费者接触，但由于终端市场过于庞大不能完全掌控消费者，需要从电子零售商获取更多有效的客户知识，需要他们参与到知识融合创新的过程中来，所以制造商需要设计有效的激励机制促进知识融合，优化生产。在供应链不断发展升级的情况下，制造商也不再只是面对单个零售商，而是通过对接多个电子零售商来扩大生产实现规模的经济效益。因此，本书由单个制造商与多个零售商组成供应链，并将具有相似需求的消费者分成一类，与可以提供相应产品的电子零售商进行直接交互（见图5.1），从制造商角度设计一种收益共享激励机制，以促进客户知识融合创新。

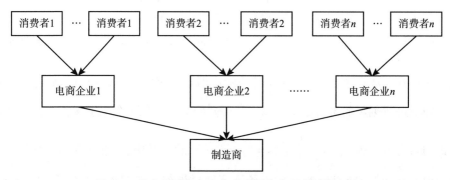

**图5.1 单个制造商与多个电子零售商组成的供应链**

## 5.2.2 模型假设

本书考虑一个制造商 $M$ 与 $n$ 个电子零售商 $R_1$，$R_2$，$R_3$，$\cdots$，$R_n$ 组成博弈模型的情形，其中，不同的电子零售商面对个性化需求不同的消费群体。制造商 $M$ 对电子零售商提供收益分享激励合同，激励电子零售商共享客户知识，参与融合创新，根据需要，对模型做出以下假设。

假设1：模型中的制造商与电子零售商均为追求自身利益最大化的理性经济人；假设制造商与电子零售商均为风险中性。

假设2：电子零售商与制造商相比更为接近终端，可以与消费者进行广泛而紧密的接触，通过线上渠道对终端客户资源加强控制，掌握海量客户数据并有能力进行加工，处于客户知识的优势方，属于委托—代理模型中的"代理人"；而制造商虽能通过直销渠道与消费者接触，但由于终端市场过于庞大不能完全掌控消费者，需要从电子零售商获取更多有效的客户知识，制造商属于"委托人"。这种关系也决定了制造商可以根据自己的利益需要制定和选择契约，而电子零售商可以决定拒绝或者接受契约以及接受后的努力水平。

假设3：制造商与电子零售商利用客户知识进行共享与合作并激励创新，设客户知识共享产出收益为 $\pi$。由假设2可知，设制造商愿意分别分享出产出收益中的比例 $\rho$ 来激励每个电子零售商，即 $n$ 个电子零售商共占有的收益分享比例为 $n\rho$，且 $\rho$，$n\rho \in (0, 1)$。

假设4：客户知识融合创新产出不仅受制造商和电子零售商努力水平的影响，还受不可控的随机因素 $\theta$ 的影响。

假设5：为了简化模型，假设 $n$ 个电子零售商除了提供的客户知识内容均互不相同外，其他条件均相同，包括提供相同的客户知识数量，享有相同的收益分享比例 $\rho$，付出相同的努力水平 $e_i(i=1, 2, \cdots, n)$ 且 $e_1 = e_2 = \cdots = e_n$，以及具有相同的客户知识共享能力，体现为电子零售商的客户知识共享努力水平弹性系数 $\lambda$ 相同。

假设6：为了讨论方便，本书忽略随机因素对努力成本的影响，制造商利用客户知识进行创新的努力成本为 $c(e) = \dfrac{a}{2}e^2(e>0)$，第 $i$ 个电子零售商共享客户知识的努力成本为 $c(e_i) = \dfrac{b}{2}e_i^2(i=1, 2, \cdots, n)$。其中，$e$ 表示制造商付出的客户知识创新的努力水平，$e_i$ 表示电子零售商付出的客户知识共享的努力水平；$c$ 为制造商和电子零售商的努力成本；$a$ 为制造商客户知识创新的成本系数，$b$ 为电子零售商客户知识共享的成本系数，且 $a$，$b>0$。

## 5.2.3 模型建立

在大数据的驱动下，制造商与电子零售商进行客户知识共享合作，客户知识共享产出函数是关于制造商与电子零售商的努力水平的函数。借鉴柯布—道格拉斯合作生产函数模型及其拓展[25]，假设客户知识共享的产出收益函数为：

$$\pi(e, e_1, e_2, \cdots, e_n) = \sum_{i=1}^{n} ke^{\gamma}e_i^{\lambda} + \theta \tag{5-1}$$

由于 $n$ 个电子零售商的努力水平均为 $e_i(i=1, 2, \cdots, n)$ 且 $e_1 = e_2 = \cdots = e_n$，式（5-1）可以化简为：

$$\pi(e, e_1, e_2, \cdots, e_n) = \pi(e, e_1) = nke^{\gamma}e_1^{\lambda} + \theta \tag{5-2}$$

其中，$\pi$ 为制造商与电子零售商客户知识共享后的知识融合创新产出；$k$ 为客户知识最终转化为企业收益的边际效益；$\gamma$ 为制造商的客户知识创新能力努力水平弹性系数，$\lambda$ 为电子零售商的客户知识共享努力水平弹性系数，且它们都满足 $\gamma$，$\lambda \in (0, 1)$，表示在客户知识共享的过程中，制造商增加创新努力水平与电子零售商增加知识共享努力水平引起的知识产出变化的比率。其值越大，表明制造商与电子零售商之间的合作产出越高；$\theta$ 表示影响客户知识共享产出的随机干扰项，其服从均值为 0、方差为 $\sigma^2$ 的正态分布，即 $\theta \sim N(0, \sigma^2)$。

在客户知识共享的过程中，制造商的收入部分为客户知识融合创新产出的收益，成本为客户知识创新的努力成本，可以得到制造商的实际收益为：

$$u_m = (1 - n\rho)(nke^{\gamma}e_1^{\lambda} + \theta) - c(e) \tag{5-3}$$

其中，$(1 - n\rho)$ 为制造商所持有的收益比例，$(1 - n\rho)(nke^{\gamma}e_1^{\lambda} + \theta)$ 为制造商的收益，且 $(1 - n\rho) \in (0, 1)$。

电子零售商的收入为制造商为激励电子零售商客户知识共享而做出的奖励，即其给电子零售商分享的收益，成本为客户知识共享的努力成本，可以得到第 $i$ 个电子零售商的实际收益为：

$$u_r = u_0 + \rho(nke^{\gamma}e_i^{\lambda} + \theta) - c(e_i) \tag{5-4}$$

其中，$u_0$ 为制造商提供给电子零售商的固定收益，$\rho$ 为第 $i$ 个电子零售商得到的收益分享比例，$\rho(nke^{\gamma}e_i^{\lambda} + \theta)$ 为第 $i$ 个电子零售商得到的分享收益，且 $\rho \in (0, 1)$。

假设制造商与电子零售商均为风险中性，无须考虑风险成本，则其期望效用函数分别为：

$$U_m = (1 - n\rho)nke^{\gamma}e_1^{\lambda} - nu_0 - \frac{a}{2}e^2 \tag{5-5}$$

$$U_r = u_0 + \rho nke^{\gamma}e_1^{\lambda} - \frac{b}{2}e_i^2 \tag{5-6}$$

## 5.3 激励机制设计

### 5.3.1 激励机制构建

制造商与电子零售商均为理性经济人，因此制造商在利用客户知识进行创新时会把自身期望收益最大化，并作为自己的目标。为了实现此目标，制造商在最大化自身期望效用函数时，要保证满足电子零售商的参与约束与激励相容约束两个约束条件，其中，参与约束($IR$)意味着电子零售商接受契约参与收益分享激励合同后的期望效用不小于拒绝参与收益分享激励合同时能得到的最大效用($\bar{u}$)，激励相容约束($IC$)意味着制造商与电子零售商的利益一致，制造商实现效用最大化可通过电子零售商收益最大化的行为来实现，由此一定程度上避免了电子零售商的道德风险问题。根据以上约束条件，建立收益分享激励机制模型如下：

$$\max(1-n\rho)nke^{\gamma}e_1^{\lambda} - nu_0 - \frac{a}{2}e^2 \tag{5-7}$$

$$s.t. \; (IR) \; u_0 + \rho nke^{\gamma}e_1^{\lambda} - \frac{b}{2}e_i^2 \geq \bar{u} \tag{5-8}$$

$$(IC)\max U_r = u_0 + \rho nke^{\gamma}e_1^{\lambda} - \frac{b}{2}e_i^2 \tag{5-9}$$

对于激励相容约束，为了求得使电子零售商自身期望收益最大化的努力水平 $e_i^*$，对 $e_i$ 求偏导数，最优化的一阶条件为：

$$\frac{\partial U_r}{\partial e_i} = \lambda\rho nke^{\gamma}e_i^{\lambda-1} - be_i = 0 \tag{5-10}$$

解得：

$$e_i^* = \left(\frac{\lambda n\rho ke^{\gamma}}{b}\right)^{\frac{1}{2-\lambda}} \tag{5-11}$$

为了求得使制造商自身期望收益最大化的努力水平 $e^*$，对 $e$ 求偏导数，最优化的一阶条件为：

$$\frac{\partial U_m}{\partial e} = \gamma(1-n\rho)nke^{\gamma-1}e_1^{\lambda} - be_1 = 0 \tag{5-12}$$

解得：

$$e^* = \left(\frac{\gamma(1-n\rho)nke_i^{\lambda}}{b}\right)^{\frac{1}{2-\gamma}} \tag{5-13}$$

联立式（5-11）与式（5-13），解得：

$$e^* = (nk)^{\frac{1}{2-\gamma-\lambda}}\left(\frac{\gamma(1-n\rho)}{a}\right)^{\frac{\lambda}{4-2\gamma-2\lambda}}\left(\frac{\lambda\rho}{b}\right)^{\frac{2-\lambda}{4-2\gamma-2\lambda}} \tag{5-14}$$

$$e_i^* = (nk)^{\frac{1}{2-\gamma-\lambda}}\left(\frac{\gamma(1-n\rho)}{a}\right)^{\frac{\gamma}{4-2\gamma-2\lambda}}\left(\frac{\lambda\rho}{b}\right)^{\frac{2-\gamma}{4-2\gamma-2\lambda}} \tag{5-15}$$

将参与约束（$IR$）与激励相容约束（$IC$）代入目标函数，最优化问题可表述如下：

$$\max \ nke^{*\gamma}e_1^{\lambda} - \frac{nb}{2}e_1^{*2} - \frac{a}{2}e^{*2} - n\bar{u} \tag{5-16}$$

对 $\rho$ 求导数，最优化的一阶条件为：

$$\frac{\partial\left(nke^{*\gamma}e_1^{\lambda} - \dfrac{nb}{2}e_1^{*2} - \dfrac{a}{2}e^{*2} - n\bar{u}\right)}{\partial\rho} = 0 \tag{5-17}$$

由于 $\gamma$，$\lambda \in (0, 1)$，所以 $(2 - \gamma - \lambda) \in (0, 1)$，且 $n\rho$，$(1 - n\rho) \in (0, 1)$，对式(5 – 17)进行整理化简得：

$$2n^2(\lambda - \gamma)\rho^2 + 2n\lambda(\gamma - 2)\rho + \lambda(2 - \gamma) = 0 \tag{5-18}$$

可得分享收益比例的最优解为：

$$\rho = \frac{(\gamma - 2)\lambda + \sqrt{(\gamma^2 - 2\gamma)(\lambda^2 - 2\lambda)}}{2n(\gamma - \lambda)} \tag{5-19}$$

## 5.3.2　激励机制分析

命题1：单个电子零售商达到自身期望收益最大化的客户知识共享努力水平与其得到的收益分享比例、制造商拥有的电子零售商数量成正比，即制造商对电子零售商承诺的收益分享比例越高，电子零售商越有动力提高努力水平；制造商拥有的电子零售商越多，电子零售商越有动力提高努力水平。

证明：在式（5 – 11）中对 $\rho$，$n$ 分别求偏导得：

$$\frac{\partial e_i^{*}}{\partial \rho} = \frac{\partial(\lambda n\rho ke^{\gamma})^{\frac{1}{2-\lambda}}}{\partial \rho} \tag{5-20}$$

$$= \frac{1}{2-\lambda}\left(\frac{\lambda nke^{\gamma}}{b}\right)^{\frac{1}{2-\lambda}}\rho^{\frac{\lambda-1}{2-\lambda}}$$

$$\frac{\partial e_i^{*}}{\partial n} = \frac{1}{2-\lambda}\left(\frac{\lambda \rho ke^{\gamma}}{b}\right)^{\frac{1}{2-\lambda}}n^{\frac{\lambda-1}{2-\lambda}} \tag{5-21}$$

由于 $\gamma$，$\lambda \in (0, 1)$，则 $2 - \lambda > 0$。因此有：

$$\frac{\partial e_i^{*}}{\partial \rho} > 0 \tag{5-22}$$

$$\frac{\partial e_i^{*}}{\partial n} > 0 \tag{5-23}$$

命题1说明收益分享激励与制造商拥有的电子零售商数量会对电子零售商提高客户知识共享的努力水平产生积极影响。这是因为供应链企业间基于客户知识共享进行协作创新的过程中，当制造商给予电子零售商的收益分享比例增加时，电子零售商看好未来收益，更加有动力提高自身客户知识共享的努力水平以获取更高的收益；当制造商吸引更多的电子零售商参与时，不同电子零售商之间会有更大的竞争压力，为了不被市场淘汰，电子零售商依然会努力提高自身客户知识共享水平。虽然收益分享激励对电子零售商产生的影响是激励其主动提高客户知识共享努力水平，而制造商使电子零售商被动改变，但是这二者的影响本质上是相同的。在实际案例中，收益分享激励主要体现在两个方面：一是母公司为激励子公司更加自觉地发展业务而实施利润分享制度；二是企业为激励员工注重企业的长期利益而采取利润分享计划。例如，T集团为提高集团的经济效益水平和市场竞争能力，为在岗十个月以上的员工提供年度利润分享计划。供应链核心企业（如制造商）可以通过制定收益分享合同激励其他企业（如电子零售商），以提高客户知识共享的努力水平。

这也为制造商激励电子零售商提高努力水平提供了两种途径：一是直接激励，通过给予电子零售商预期收益激励，体现为更高比例的收益分享激励影响电子零售商的行为，比如付出更多努力获取并共享客户知识；二是间接激励，制造商可以通过不断提高自身的客户知识创新能力或者信誉度等方式吸引更多的电子零售商加入供应链，从而增加电子零售商之间的压力，迫使其不断提高客户知识共享努力水平。

命题2：最优收益分享比例与制造商的客户知识创新能力努力水平弹性系数 $\gamma$ 成反比；最优收益分享比例与电子零售商的共享客户知识努力水平弹性系数 $\lambda$ 成正比；最优收益分享分配比例与电子零售商的个数 $n$ 成反比。

证明：在式（5-19）中，分别对 $\gamma$，$\lambda$，$n$ 求偏导：

$$\frac{\partial \rho^*}{\partial \gamma} = \frac{1}{2n(\gamma - \lambda)^2}\left\{\lambda(2 - \lambda) + \sqrt{\frac{\lambda^2 - 2\lambda}{\gamma^2 - 2\gamma}}[\lambda(\gamma - 1) - \gamma]\right\} \quad (5-24)$$

$$\frac{\partial \rho^*}{\partial \lambda} = \frac{1}{2n(\gamma - \lambda)^2}\left\{\gamma(\gamma - 2) + \sqrt{\frac{\lambda^2 - 2\lambda}{\gamma^2 - 2\gamma}}[\gamma(1 - \lambda) - \lambda]\right\} \quad (5-25)$$

$$\frac{\partial \rho^*}{\partial n} = -\frac{1}{n}\left[\frac{(\gamma - 2)\lambda + \sqrt{(\gamma^2 - 2\gamma)(\lambda^2 - 2\lambda)}}{2n(\gamma - \lambda)}\right]$$
$$= -\frac{\rho^*}{n} \quad (5-26)$$

在式（5-24）中，由于 $\gamma$，$\lambda \in (0, 1)$，则 $2 - \lambda > 0$，$\gamma - 1 < 0$，$\lambda(2 - \lambda) > 0$，$\sqrt{\frac{\lambda^2 - 2\lambda}{\gamma^2 - 2\gamma}}[\lambda(\gamma - 1) - \gamma] < 0$，由此可以看出 $f(\lambda, \gamma) = \lambda(2 - \lambda) +$

$\sqrt{\dfrac{\lambda^2-2\lambda}{\gamma^2-2\gamma}}[\lambda(\gamma-1)-\gamma]$ 的正、负很难从表达式中推断出来,因此作出 $f(\lambda,\gamma)$

关于 $\lambda$,$\gamma$ 的函数图像,如图5.2所示。

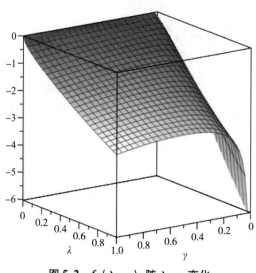

**图5.2** $f(\lambda,\gamma)$ 随 $\lambda$,$\gamma$ 变化

从图5.2可以看出,在 $\gamma$,$\lambda \in (0,1)$ 的范围内,

$$\left\{\lambda(2-\lambda)+\sqrt{\dfrac{\lambda^2-2\lambda}{\gamma^2-2\gamma}}[\lambda(\gamma-1)-\gamma]\right\}<0 \qquad (5-27)$$

又因为 $\dfrac{1}{2n(\gamma-\lambda)^2}>0$,因此有:

$$\dfrac{\partial \rho^*}{\partial \gamma}<0 \qquad (5-28)$$

由于 $\gamma$,$\lambda \in (0,1)$,则 $\gamma-2<0$,$1-\lambda<0$,有 $\gamma(\gamma-2)<0$,$\gamma(1-\lambda)>0$,因此 $g(\gamma,\lambda)=\gamma(\gamma-2)+\sqrt{\dfrac{\lambda^2-2\lambda}{\gamma^2-2\gamma}}[\gamma(1-\lambda)-\lambda]$ 的正、负很难从表达式中推断出来,作出这部分关于 $\lambda$,$\gamma$ 的函数图像,如图5.3所示。

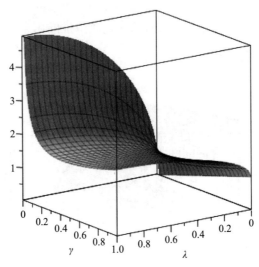

**图5.3  $g(\gamma, \lambda)$ 随 $\gamma$, $\lambda$ 变化**

从图5.3可以看出，在 $\gamma$, $\lambda \in (0, 1)$ 的范围内，存在：

$$\gamma(\gamma-2) + \sqrt{\frac{\lambda^2 - 2\lambda}{\gamma^2 - 2\gamma}}[\gamma(1-\lambda) - \lambda] > 0 \qquad (5-29)$$

又因为 $\dfrac{1}{2n(\gamma-\lambda)^2} > 0$，因此有：

$$\frac{\partial \rho^*}{\partial \lambda} > 0 \qquad (5-30)$$

在式（5-26）中，由于 $\rho^* \in (0, 1)$，$n \in N^*$。因此有：

$$\frac{\partial \rho^*}{\partial n} < 0 \qquad (5-31)$$

命题2说明：（1）制造商给予电子零售商的最优收益分享比例会随着制造商客户知识创新努力水平的弹性系数增加而减少，这是对制造商而言，拥有较高的知识创新努力水平弹性系数意味着拥有较强的客户知识创新能力，可以高效地利用获取的客户知识进行创新，挖掘数据背后的财富。因此，制造商可以通过减少给予电子零售商的收益比例来减少对电子零售商的依赖，避免道德风险。（2）如果电子零售商的客户知识共享努力水平的弹性系数较高，那么制造商给予电子零售商的最优收益分享比例就较高。这是因为电子零售商的客户知识努力水平弹性系数较高意味着电子零售商客户知识共享能力较高，制造商可以通过给予电子零售商更高的收益分享比例来激励电子零售商提高共享客户知识的努力水平以及不断提高客户知识共享能力，进而提高整体收益。（3）与制造商对应的电子零售商个数越多，那么制造商给予电子零售商的最优收益分享比例越低。这是因为制造商对应的电子零售商数量多，体现了制造商在这种关系当中处于优势地位，在决定收益分享比例方面享有一定的话语权，当确定较低的收益分享比例时，个别电子零售商拒绝契约，对制造商的影响不大。

本书考虑的是理想状态下，制造商拥有的电子零售商越多，在决定收益分享比例方面享有的话语权越大，可以确定较低的收益分享比例，同时电子零售商间的竞争压力也会促进电子零售商不断提高自身客户知识共享水平。但在实际案例中，我们需要额外考虑制造商在拥有更多电子零售商时增加的管理成本，以及如何避免电子零售商之间的恶性竞争等问题。

## 5.4　激励机制效用分析

基于前文的分析，本部分通过数值算例模拟一个制造商 $M$ 对 $n$ 个电子零售商 $R$ 组成的供应链中，制造商对电子零售商客户知识共享收益分享激励模型，通过对 $k$，$a$，$b$，$u_0$，$e$，$\gamma$，$\lambda$ 与 $n$ 分别赋值，分析收益分享机制对制造商与电子零售商带来的效用影响，以及收益分享变量与其他变量之间的关系。

为了使结果更加直观，本书在实际情况和相关文献（沈娜利，2018；肖迪、侯书勤，2017）的基础上对以下几种情况进行赋值。

（1）取 $k=10$，$b=2$，$e=8$，$\lambda=0.1$，$\gamma=0.2$，$n$ 分别为 1、3 与 5，分析收益分享比例 $\rho$ 对电子零售商自身期望收益最大化的努力水平 $e_i^*$ 的影响，可得图 5.4。

由图 5.4 可知，随着制造商给予电子零售商的收益分享比例 $\rho$ 的增加，电子零售商自身期望收益最大化的努力水平 $e_i^*$ 也随之增加，即制造商给予电子零售商的收益分享激励强度越大，电子零售商越有动力进行客户知识共享。同时，从图 5.4 可以看出，当 $n$ 不断增大时，即制造商拥有的电子零售商个数越多时，单个电子零售商付出的努力水平也越大，这表明电子零售商个数越多，电子零售商之间的竞争压力也越大，其愿意付出更高的努力水平以减少被行业淘汰的风险；当 $n$ 不断增大时，收益分享比例增加带来的边际努力水平也越大，这表明电子零售商个数越多，增加收益分享比例对电子零售商的激励效果越明显。

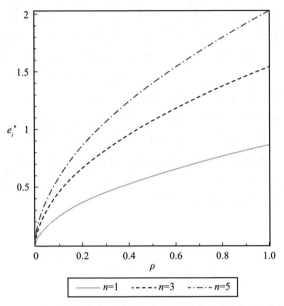

**图5.4 电子零售商努力水平 $e_i^*$ 随收益分享比例 $\rho$ 的变化**

（2）取 $\lambda = 0.2$，$n$ 分别取 1、2 与 5，分析制造商的客户知识创新能力努力水平弹性系数 $\gamma$ 对最优收益分享比例 $\rho^*$ 的影响，可得图5.5。

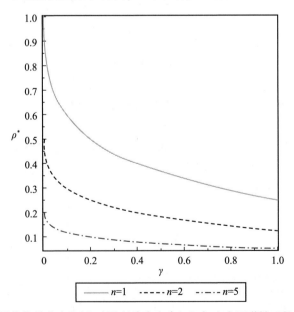

**图5.5 最优收益分享比例 $\rho^*$ 随制造商客户知识努力水平弹性系数 $\gamma$ 的变化**

由图 5.5 可以看出，最优收益分享比例 $\rho^*$ 随着制造商的客户知识创新能力努力水平弹性系数 $\gamma$ 的增加而减小，开始阶段急剧减少，之后渐渐趋于平稳，随着电子零售商数量 $n$ 的增加，最优收益分享比例 $\rho^*$ 的变化范围与最大值也随之减小。

推论 1：制造商的创新能力决定了制造商对零售商的依赖程度，进而影响收益的分享比例。

当制造商的客户知识创新能力努力水平弹性系数趋近于零时，即制造商创新能力极弱时，会过度依赖电子零售商的知识共享水平，并给予电子零售商更大的收益分享比例激励其共享客户知识而留给自己极少的收益分享比例，用大量的客户知识来弥补自身创新的匮乏；而当制造商的客户知识创新能力逐渐增强，由于开始阶段制造商提高创新的努力水平带来的边际收益较大，他会在开始阶段迅速增加自己的收益比例，占据合作关系中的主导地位，同时迅速减少给予电子零售商的收益分享比例，降低自身的道德风险；当制造商的创新能力达到一定水平后，随着 $\gamma$ 的增加，$\rho^*$ 的减少速度越来越小，制造商与电子零售商各自占有的收益分享比例趋于稳定，合作关系较为稳定。

推论 2：当 $n$ 不断增大时，即制造商拥有更多的电子零售商时，制造商给予电子零售商的最优收益分享比例及其变化范围也越来越小，这意味着制造商成为供应链中的核心企业后，拥有了更多的话语权，单个电子零售商对制造商的影响也随之减小，制造商应更加关注自身创新能力的提升。

（3）取 $\gamma = 0.2$，$n$ 分别取 1、2 与 3，分析电子零售商的客户知识共享努力水平弹性系数 $\lambda$ 对最优收益分享比例 $\rho^*$ 的影响，可得图 5.6。

由图 5.6 可以看出，最优收益分享比例 $\rho^*$ 随着电子零售商的客户知识共享努力水平弹性系数 $\lambda$ 的增加而增加，在开始阶段急剧增加，之后渐渐趋于平稳；随着电子零售商数量 $n$ 的增加，最优收益分享比例 $\rho^*$ 的变化范围与最大值也随之减小。由此可知，当电子零售商的客户知识共享努力水平弹性系数趋近于零时，即电子零售商客户知识共享能力极弱时，制造商只会给予电子零售商极小的收益分享比例，来减少自己客户知识共享的成本与风险，主要激励企业内部创新能力的提升；而当电子零售商的客户知识共享能力逐渐增强时，由于初始阶段电子零售商提高知识共享能力带来的边际收益较大，制造商会通过迅速增加电子零售商的收益分享比例来激励其提高能力；由于边际收益递减，制造商给予电子零售商的收益分享比例增加速度也会逐渐变慢，各方占有的收益分享比例趋于稳定。

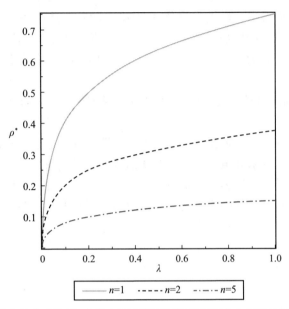

**图5.6 最优收益分享比例 $\rho^*$ 随电子零售商知识共享努力水平弹性系数 $\lambda$ 的变化**

推论3：制造商拥有的电子零售商个数决定了其对单个电子零售商的期望程度。当制造商只拥有1个电子零售商时，制造商对此电子零售商有很高的期待，期望提升该企业的客户知识共享能力能为其带来更多的收益；当 $n$ 不断增大时，即制造商拥有更多的电子零售商时，制造商对单个电子零售商的期望下降，给予其最优收益分享比例及变化范围也越来越小，这意味着当制造商成为供应链的核心企业后，单个电子零售商的客户知识共享能力的提升对制造商的影响也逐渐减小。这也说明了为什么有的制造企业除了自营旗舰店外，仍然去发展更多的零售商。

（4）取 $k=10$，$a=0.1$，$b=2$，$u_0=0.1$，$e=8$，$\lambda=0.6$，$\gamma=0.2$，$n$ 分别为1、2与5，且电子零售商客户知识共享努力水平为最优值 $e_i^*$ 时，分析收益分享比例 $\rho$ 对制造商期望效用 $U_m$ 的影响，可得图5.7。

由图5.7可以看出，随着给予电子零售商最优收益分享比例 $\rho^*$ 的增加，制造商的期望效用 $U_m$ 呈先增加后减小的趋势，由前文的收益分享激励模型可知曲线的拐点为最优收益分享比例 $\rho^*$；由此得到：

推论4：随着电子零售商数量 $n$ 的增加，最优收益分享比例也随之减小。

由此可知，当 $\rho<\rho^*$ 时，边际效用为正，制造商给予电子零售商的收益分享比例越大，其获得的期望效用也就越大，此时制造商可以通过给予电子零售商更

多的收益分享比例来提高期望收益；当 $\rho > \rho^*$ 时，边际效用变为负数，制造商的期望效用随着电子零售商拥有的收益分享比例的增加而减小，此时制造商无须继续增加给予电子零售商的收益分享比例，而更应该注重自身客户知识创新能力的提升来提高期望收益（见图5.8）。保持其余参数不变，令 $n=1$，制造商的创新能力从 $\gamma = 0.2$ 提升至 0.5 与 0.8，可得图5.7，由此可以看出，随着制造商创新能力的提升，最优收益分享比例对应的制造商期望效用得到了更大的提升。

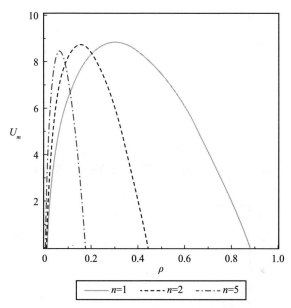

**图5.7　不同 $\lambda$ 对应的 $\rho$ 对 $U_m$ 的影响**

与此同时，当制造商只拥有 1 个电子零售商时，制造商需要给予单个电子零售商更多的收益分享比例以达到最高的期望效用；当 $n$ 不断增大时，即制造商拥有更多的电子零售商时，可以看出在 $\rho < \rho^*$ 阶段，制造商提高单个电子零售商收益分享比例为自身带来的效用提升更大，并且制造商给予单个电子零售商的最优收益分享比例也逐渐减小。

（5）取 $k=10$，$a=0.4$，$b=0.2$，$u_0 = 0.1$，$e=6$，$g=0.1$，$\lambda = 0.2$，$n$ 分别为 1、3 与 5，且电子零售商客户知识共享努力水平为最优值 $e_i^*$ 时，分析收益分享比例 $\rho$ 对电子零售商期望效用 $U_r$ 的影响，可得图5.9。

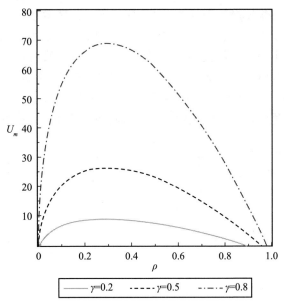

**图5.8 不同电子零售商数量 *n* 对应的制造商收益 *U*<sub>*m*</sub> 水平**

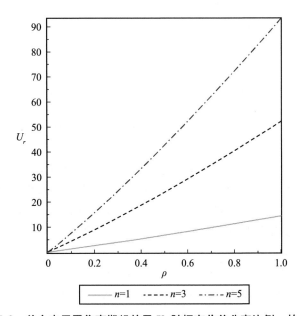

**图5.9 单个电子零售商期望效用 *U*<sub>*r*</sub> 随拥有收益分享比例 *ρ* 的变化**

推论5：单个电子零售商的期望效用 $U_r$ 与自身拥有的收益分享比例 $\rho$ 呈正相

关关系。这是因为电子零售商的收入由制造商给予的固定收益和分享收益两部分构成，更大的收益分享比例通过增加分享收益来增加电子零售商的总收益，电子零售商可以通过提高自己的知识共享能力 $\gamma$ 为自己争取更多的收益分享比例。

推论 6：当单个电子零售商拥有的收益分享比例一定时，单个电子零售商的期望效用 $U_i$ 与制造商拥有电子零售商数量 $n$ 呈正相关关系。这是因为更多的电子零售商意味着供应链中拥有的客户知识也就越多，可以创造更多的收益。

## 5.5　本章小结

本章对大数据驱动的 C2B 供应链客户知识融合创新激励机制进行了研究。首先，本章对区别于传统供应链激励的新情景及大数据驱动的 C2B 供应链背景进行了分析，指出在大数据驱动下，以客户为中心的 C2B 供应链更注重客户知识融合创新，也更需要客户知识融合创新。一方面，在大数据情景下，供应链下游的权力增大，尤其在客户知识的获取和共享方面处于供应链下游的电子零售商具有客户知识优势，而制造商则具有产品研发和生产的技术优势，而要生产出适合市场、让消费者满意的新产品，则需要零售商参与到以制造商为核心的供应链客户知识融合创新的过程中来；另一方面，由于零售商大量存在，且多为独立经济法人，有独立的经济利益诉求，如果缺乏激励则难以做到将客户数据知识与制造商无私共享，进而实现促进融合创新的目的。因此，作为供应链核心的制造企业有必要设计合理的激励机制，促进零售商的客户知识共享，并激励他们参与知识融合创新的知识分享过程，从而实现创新并提高创新效率。

构建以一个制造商与多个电子零售商构成的供应链为研究对象的委托代理模型，并基于此模型进行激励机制设计的研究发现：电子零售商自身期望收益最大化的努力水平 $e_i^*$ 与收益分享比例 $\rho$ 呈正相关关系；制造商给予电子零售商的最优收益分享比例 $\rho^*$ 与制造商的客户知识创新能力努力水平弹性系数 $\gamma$ 和制造商拥有的电子零售商数量 $n$ 呈负相关关系，与电子零售商的共享客户知识努力水平弹性系数 $\lambda$ 呈正相关关系。

电子零售商共享客户知识的努力水平与制造商分配给他们的收益分享比例呈正相关关系，这意味着制造商可以通过调节客户知识融合创新收益比例来激励零售商共享客户知识，收益分享比例越高，电子零售商越愿意共享其客户知识。这在实际商业运作中可表现为制造商给予电子零售商足够的收益激励，电子零售商愿意将自己的后台客户相关数据与制造商互联互通，愿意参与到制造商的共同创新生态系统中去；反之，则容易形成数据"孤岛"，造成客户数据不能充分利用，融合创新进度缓慢或者难以实现。

制造商给予电子零售商的最优收益分享比例 $\rho^*$ 与制造商的客户知识创新能力努力水平弹性系数 $\gamma$ 和制造商拥有的电子零售商数量 $n$ 呈负相关关系，与电子零售商的共享客户知识努力水平弹性系数 $\lambda$ 呈正相关关系，这一结论则表明，制造商自身的知识融合创新能力越高。例如，制造商建立了较为完善的大数据获取、整合、知识提取和共享平台，建立了良好的共同创新生态系统，这时，制造商越需要高质量、高水平的合作者，在合作者选择上更注重质量而非数量。

进一步通过算例，从实际应用条件出发分析了激励机制的效用，得到以下结论。

（1）制造商拥有更多的电子零售商，对于单个电子零售商来说是挑战也是机遇。挑战是在其他条件不变的情况下，电子零售商只有付出更高的客户知识共享努力水平才能达到自身期望收益最大化，同时要付出更多的努力提高知识共享能力才能拥有与过去相同的收益分享比例。机遇是在其他条件不变的情况下，制造商拥有的电子零售商越多，单个电子零售商可以获得的期望收益也就越多。

（2）对制造商而言，既可以通过给予电子零售商更多的收益分享比例来提高电子零售商客户知识共享的努力水平，也可以通过吸引更多的电子零售商来提高单个电子零售商的知识共享努力水平。与此同时，提高自身的客户知识创新能力也同样重要，没有足够的客户知识创新能力制造商会处于供应链的弱势地位，过度依赖电子零售商的客户知识共享，需要给予电子零售商较多的收益分享比例，风险较大；而拥有足够的创新能力，可以使制造商与电子零售商的合作关系更为稳定，并且创造更多的收益。

（3）制造商在签订合同前需要确定给予电子零售商的最优收益分享比例。达到最优收益分享比例之前，制造商可以通过给予电子零售商更多的收益分享比例来提高自身的期望收益；达到最优收益分享比例之后，继续增加给予电子零售商的收益分享比例会使制造商的期望收益减少，此时，制造商更应该注重通过自身客户知识创新能力的提升来提高期望收益。

（4）制造商有必要不断提高自己的客户知识创新能力以及努力水平来吸引更多的电子零售商加入供应链。吸引更多的电子零售商可以使制造商在合作关系中占据主要地位，以维持供应链更为稳定的合作关系，拥有更多的话语权，同时在未达到给予电子零售商最优收益分享比例之前，制造商提高单个电子零售商收益分享比例为自身带来的效用提升更大。

（5）总体来说，在大数据驱动下，客户知识共享收益分享激励会给 C2B 供应链的所有企业包括电子零售商与制造商带来积极的影响。

本章的不足之处是主要基于制造商面对 $n$ 个同质的电子零售商的客户知识共享收益分享激励问题，现实中很难保证所有的电子零售商都是同质的，因此，在未来可以考虑多个不同质的电子零售商条件下的收益分享激励问题。

总体而言，本章构建数理模型，研究了大数据驱动下的 C2B 供应链客户知识融合创新激励机制，揭示了作为供应链核心企业要实现客户知识的融合创新，仅仅依靠先进的大数据管理系统并不能实现目标，还需要设计合理的激励机制，让下游具有客户数据知识优势的电子零售商（典型代表）参与到融合创新的过程中来，再将客户知识与制造企业具有的研发技术优势结合起来，并进行知识的融合，进而实现创新和提高创新效率。通过这种跨组织激励，打破知识主体的利益割据，破除组织边界障碍，优化知识共享和利用的流程，最终实现高效创新。

# 第 6 章

# 大数据驱动的 C2B 供应链客户
# 知识融合创新协调策略

在数字经济崛起的背景下，随着客户对产品个性化需求的提高，客户数据中蕴含的客户知识也愈加丰富，处于供应链上游的制造商要实现客户知识融合创新，就需要对与客户有更多的直接交互的零售商进行有效激励（沈娜利，2018）。尤其在以客户为中心的 C2B 供应链中，作为供应链核心企业的制造商有必要重新审视与销售商或零售商，尤其是电子零售商之间的激励关系。基于此，第 5 章以一种由单个制造商和多个电子零售商组成的供应链为主要研究对象，构建委托代理模型研究了大数据驱动下的 C2B 供应链客户知识融合创新激励机制，揭示了供应链核心企业要实现客户知识的融合创新目标，不能仅仅依靠先进的大数据管理，还需要设计合理的激励机制，让下游具有客户数据知识优势的电子零售商（典型代表）参与到融合创新的过程中来，再将客户知识与制造企业具有的研发技术优势结合起来，认真进行知识的融合，进而实现创新和提高创新效率。通过这种跨组织激励，打破知识主体的利益割据，破除组织边界障碍，优化知识共享和利用的流程，最终实现高效创新。然而，下游拥有客户知识优势的节点成员以何种角色参与到客户知识融合创新中来，在该过程中，核心企业与非核心参与者又该如何决策以协调参与各方的利益关系，从而实现创新目标？本章基于供应链核心企业角度，对融合创新参与者协调的集中、分散等决策进行研究，探索其协调机制。

# 6.1 融合创新协调策略研究背景

大数据时代已经到来，客户需求日益多样化、个性化、动态化，传统的B2C供应链模式难以满足客户的高品质、高效率、低成本的要求，在这种情况下，C2B供应链模式应运而生。在C2B供应链中，以客户为中心，制造企业基于价值共创思想，吸收、融合客户知识进行创新，从而提供满足客户个性化、多样化需求的产品（孟炯，2021；肖迪，侯书勤，2017）。然而，C2B供应链作为一种发展中的供应链形态还不成熟。一方面，客户知识分布零散，存在数据与知识"孤岛"，缺乏客户知识整合机制；另一方面，组织之间的边界障碍和独立的利益诉求，阻碍了供应链客户知识融合创新参与者之间的协同合作，急需跨组织协调机制。因此，在融合创新的过程中，如何协调各参与方的利益冲突，成为迫切需要解决的问题。

已有文献研究了供应商与制造商之间的知识融合创新中的组织协作、知识共享机制、知识创新激励、定价策略等问题（Akintove et al.，2000；Gunasekatan & Ngai，2005；李随成等，2009；姚家万等，2014；Dyer & Nobeok，2000；吴冰，2008），但没有涉及供应链下游成员在融合创新中的参与角色与合作机制。作为供应链下游的关键成员，客户或销售商对供应链的知识融合创新及竞争优势的提升具有不可或缺的作用，其参与程度和行为对知识融合创新的效果和效率具有重要影响（Cui & Wu，2016；Li，2021；Jokubauskienè & Vaitkienè，2019）。但这些文献对组织之间的关系缺乏深入的研究，而在融合创新的过程中，组织之间的关系对创新绩效具有重要影响。例如，李（Li，2021）通过研究287家企业，发现供应链企业之间的关系质量、知识共享对企业创新绩效呈显著的正相关关系。西赫沃宁等（Sihvonen et al.，2021）研究了客户知识需要组织有选择地进行与项目间的匹配才能促进产品创新。奥诺幅雷等（Onofrei et al.，2020）针对10个国家557家制造工厂数据建立结构方程模型进行研究发现，客户与供应商之间的关系资本的建立对客户知识融合创新，提升竞争优势具有重要作用。由此可见，协调各参与者之间的关系对促进知识融合创新，提升企业乃至供应链的竞争能力至关重要。而协调各参与者之间的关系往往依赖协调机制的设计。

区别于传统环境下制造商与下游节点客户知识融合途径的浅层、松散、非正式或基于价格的简单知识合作（钱丽萍，喻子达，2009；冯芷艳等，2013），大数据驱动的 C2B 供应链客户知识创新强调数据驱动下深层次的、系统的、基于关系的深度知识融合。那么，在 C2B 供应链中，客户知识融合创新的各参与者应该以何种角色、怎样进行协调决策才能达到从数据到知识融合创新的目标？针对这一问题，目前的文献鲜有研究。根据知识基础，理解客户知识创新的过程需要基于知识的性质、知识管理策略和组织支持三个方面。因此，本章基于大数据驱动视角，首先对融合创新的行为、客户知识特性和能力、参与者角色和关系进行分析，进而对各参与者之间的协调机制进行研究。

# 6.2　融合创新行为分析

大数据的大数量、复杂性、多样性和价值性使它在知识融合创新过程中成为重要的知识资产（Zeng & Glaister，2018），帮助企业实现减少成本、缩短时间、降低风险和提高吸收能力（Chen et al.，2020；Del Vecchio et al.，2018；Troisi et al.，2018）。一些公司在创新过程中，与利益相关者合作利用大数据，包括客户大数据，实现了协同创新的目标，如开发新产品（肖静华等，2020）、建立新流程（Chierici et al.，2019；周翔等，2023）、创新商业模式（但斌等，2018）、提供新服务（Lehrer et al.，2018）等。然而，客户数据、知识主要来自企业外部，本身具有零散性、多样性、复杂性的特点，要利用这些外部数据和知识面临组织边界的阻隔、不同组织的不同利益诉求冲突。因此，将它们变为企业的知识资产并不是一件容易的事情。许多供应链中的知识创新因为没有处理好参与者之间的关系而导致失败（Tukamuhabwa et al.，2017；Onofrei et al.，2020）。在实现知识融合创新的过程中，供应链各节点通过建立信息、利益、风险等共享与分担机制可以协调参与者之间的关系，促进创新实现（Srivastava，2017）。供应链的绩效很大程度上取决于其成员如何协调决策（Gour et al.，2013），以缓解或消除供应链协作的障碍，从而获得更好的供应链绩效（Srivastava，2017）。与传统环境相比，在大数据环境下，更加强调融合创新成员间在数据、知识方面的互联互通，这就要求消除数据、知识本身形成的"孤岛"障碍、组织之间的边界阻碍和组织流程之间的区隔阻碍。因此，此时的协调机制显得尤为重要。本节基于大数据驱动视角，从客户知识本身的特性和参与者能力、融合创新参与者的角色和共生关系以及知识融合创新的协同程度三个方面对融合创新行为进行分析。

## 6.2.1　大数据驱动的客户知识特性与参与者能力

大数据驱动的客户知识几个明显的特征使其与传统的客户知识区别开来。这些特征源于大数据的海量、多样性、速度和复杂性，以及用于提取见解的先进分析技术。大数据驱动客户知识的基本特征包括数量、多样性、高速率、价值性。大数据驱动客户知识的特点是数据量巨大。它包括大量与客户相关的信息，如交易记录、浏览行为、社交媒体互动、客户反馈等。多样性来自大数据的客户知识有多种形式和格式。它包括结构化数据（如客户人口统计、购买历史）和非结构化数据（如文本、图像、视频），这些数据有不同的来源渠道，如社交媒体、客户评论、客户支持聊天和物联网设备。高速率表现为大数据驱动的客户知识以高速度生成和更新。客户交互和交易是实时发生的，导致数据不断涌入。价值性体现为客户大数据蕴含丰富的价值，通过数据挖掘可以发现客户知识，从而知晓客户的行为、偏好和需求，快速响应客户需求并相应地调整其策略，创造个性化的体验，改进产品和服务，提高客户满意度等。由客户知识来源本身的特性可见，大数据驱动的客户知识来源于广泛的数据渠道，包括在线互动、社交媒体平台、电子商务网站、移动应用、客户服务渠道等，这只有集成多个来源的数据才能整理出跨不同接触点的客户行为的整体视图。因此，从供应链管理的角度来看，仅仅依靠单个的制造商或销售商（零售商）是难以实现从客户数据的互联互通到客户知识的共享与融合创新，单个终端客户更是缺乏这种能力。因此，这需要供应链知识融合创新参与者之间的协同合作。

在供应链中，处于不同位置的成员具有不同的知识和能力优势。例如，相对处于上游的制造商具有技术知识和能力的优势，而处于下游的销售商或零售商或终端客户则具有客户知识和相关能力优势。上游制造商在产品设计、工程和制造过程方面通常具有技术知识和专业知识。这些知识赋予他们改进生产工艺，保障产品质量和一致性、创新和开发新产品的能力。下游销售商或零售商直接接触客户，更容易也更有能力收集客户反馈，了解顾客的偏好、购买行为，分析市场需求和市场趋势。这些客户知识有利于销售商或零售商调整产品种类、定价策略和营销努力，以满足目标客户的特定需求。显然，制造商也需要这些客户知识来改进、创新产品、生产工艺、流程或服务等。处于供应链下游的还有终端消费者，他们是供应链提供产品和服务的最终用户，也是客户大数据的重要来源，是创新的源泉。终端客户包括两大类：一类为企业客户，这类客户可以直接参与到客户知识融合创新的过程中；另一类为个人消费者，这类客户中除了极少数具有技术或其他专业知识的个人外，大多数消费者由于受专业知识、技术和能力的局限难以直接参与到创新的过程中。但在 C2B 定制情境下，个人客户可以通过供应链企业，如销售商或制造商提供的服务人员或电子工具、平台参与到部分浅层次设计环节，如颜色、样式、部分部件大小等的选择。例如，上汽大通实施 C2B 定制模式，搭建蜘蛛定制平台，客户可以通过平台定制自己喜欢的颜色，车轮轮毂、座位数、内饰格调和座椅面料、ETC 选择等；海尔集团卡萨帝冰箱高端定制，消费者可以定制冰箱面板材质、颜色、大小尺寸等。他们在一定程度上参与供应链过程，并以个性化、多样化需求参与产品浅层设计，影响产品创新。与此同时，他们的反馈和偏好直接影响下游成员的战略，影响上游制造商的创新策略和效果。

在大数据驱动下，通过利用供应链成员的不同优势，促进数据的互联互通、知识共享与融合，供应链可以实现比传统供应链更高的效率、响应能力和创新。例如，上游制造商可以利用从下游客户知识优势方获得的客户知识，结合自己的内部技术知识来改进他们的产品设计，并生产出更符合客户需求的产品。反过来，下游销售商或零售商可以从制造商的技术知识中受益，以提高他们的产品知识和销售技巧。而客户则通过影响供应链的创新方向和内容，成为最终受益者。因此，认识并利用不同供应链成员的知识和能力优势，可以形成一个更加集成和敏捷的供应链，使企业能够有效地满足大数据时代快速的市场变化和多样化、个性化的客户需求。协作和知识共享机制在缩小成员之间的知识差距、促进创新和推动供应链生态系统的共同成功方面发挥着至关重要的作用。

由此可见，处于供应链不同位置的成员拥有的知识和能力方面的异质互补性形成了大数据驱动下 C2B 供应链客户知识融合创新的基础。

### 6.2.2　融合创新参与者的角色和共生关系

由前文分析可知，供应链上游的客户知识融合创新参与者主要为制造商，下游主要参与者为销售商或零售商和终端客户。而在大数据驱动下，上游制造商与下游销售商或零售商或客户之间在进行知识融合创新的过程中，各方扮演了不同的角色。

上游制造商在大数据驱动的 C2B 供应链客户知识融合创新过程中的角色：技术知识的提供者，上游制造商是技术知识的提供者，拥有与产品设计、开发和生产过程相关的技术专长和知识，并且善于根据市场需求和技术进步创造和优化产品；生产制造数据提供者，制造商在整个生产和供应链过程中产生有价值的数据，这些数据包括有关产品规格、质量控制、库存水平和生产效率的信息；创新者、制造商在发起和推动产品创新方面发挥着关键作用，他们使用客户洞察和数据分析来识别新产品机会并改进现有产品；合作伙伴、制造商与下游销售商或零售商合作，共享知识、见解和数据，以提高供应链的整体绩效。

下游销售商或零售商角色：客户知识专家、卖家或零售商对客户的需求、偏好和购买行为有深刻的理解，他们通过各种渠道收集客户数据和见解，如销售交易、客户反馈和社交媒体互动；市场趋势分析方面，卖家或零售商监控市场趋势、竞争对手的活动和消费者偏好的变化，从而相应地调整他们的产品，这些信息对发现新的商业机会和在市场上保持竞争力至关重要；需求预测方面，基于客户知识和市场洞察，卖家或零售商在预测产品需求方面发挥了一定的作用，这有助于制造商更有效地计划生产和库存；客户反馈渠道方面，卖家或零售商是客户和制造商之间的重要纽带，为产品改进和创新提供有价值的反馈和建议；创新参与者、销售商或零售商可以被动或主动通过客户知识不同程度地参与到创新的过程中。

终端客户的角色：需求提供者，终端客户是 C2B 供应链的需求源头，他们通过不同的渠道和方式提供自己的个性化、多样化、动态化的需求信息，如产品设计、功能、价格、服务等，这些需求信息是供应链各方进行客户知识融合创新的基础和依据；数据贡献者，终端客户在与供应链各方的交互过程中产生了大量的数据，如购买行为、使用反馈、评价评论等，这些数据是供应链各方进行客户知识分析和挖掘的重要资源和素材；创新参与者，终端客户不仅是被动地接受供应链各方提供的产品和服务，也可以主动地参与到创新过程中，如提出建议、意见、需求变更等，这些参与可以促进供应链各方更好地理解和满足客户需求，提高创新效果和效率；价值评估者：终端客户是 C2B 供应链的最终受益者，他们通过使用和体验供应链各方提供的产品和服务，并对其进行价值评估，如满意度、忠诚度、推荐度等，这些评估可以反馈给供应链各方，作为改进和优化的依据和指导。

在大数据驱动的 C2B 供应链客户知识融合创新的过程中，制造商和销售商/零售商或终端客户之间形成了一种协同创新的共生关系。在大数据驱动下的共生系统中，来源于客户的客户大数据、来源于销售商/零售商的市场大数据、来源于制造商的生产制造大数据，互联互通，形成客户大数据。客户大数据经过清洗、挖掘客户知识，在共生系统内共享、融合，经由创新参与者再创造，以实现产品或服务的创新。这个过程不断循环，各参与方不断调整策略、改进产品，提高供应链效率。

总体而言，在大数据驱动的协同创新背景下，上游制造商和下游销售商/零售商的角色是相互依存和互补的。通过有效的协作，他们可以利用各自的知识、能力和数据来推动创新，提高客户的满意度，并在动态和数据密集型的业务环境中实现成功。

## 6.2.3　知识融合创新的协同程度

从理论上来看，在大数据驱动的C2B供应链客户知识融合创新过程中，虽然制造商和销售商/零售商或终端客户之间形成了一种协同创新的共生关系；但是参与各方作为理性经济人，都寻求自身利益的最大化。那么，参与各方如何协调利益关系才能紧密合作呢？基于这一问题，本部分构建一个客户知识融合创新协同程度模型，拟通过该模型分析参与者之间可能存在的不同协同程度，并在此基础上进一步对比分析参与者在不同层次上的知识融合创新决策与行为，试图寻找一种最优决策选择思路。

前文分析了大数据驱动的C2B供应链客户知识融合创新中主要参与方包括具有技术和生产制造专业知识优势和能力的制造商，具有客户知识优势和能力的销售商/零售商/终端客户。基于此，为简化模型，从知识管理角度将参与方划分为两大类：一类为具有技术和生产制造专业知识优势和能力的上游制造商，另一类为具有客户知识优势和能力的下游销售商/零售商或电商平台。在互联网大数据环境下，终端客户往往通过经销商或销售商/零售商、电商平台或在线定制平台提出需求，进行知识转移或共享。因此，从制造商视角出发，下游参与者包括销售商/零售商/终端客户可以视为"制造商的下游销售商"。因此，本章的研究将大数据驱动的C2B供应链客户知识融合创新主要参与者设定为"制造商"与"销售商"，双方通过不同程度的协同实现数据融通、知识共享、协同创新。

大数据驱动的C2B供应链客户知识融合创新的过程中，基于前述对制造商及销售商的角色分析，制造商与销售商的参与程度可以分为以下三个层次，一是销售商作为数据、信息提供者，不直接参与产品解决方案的生成，制造商获得客户数据或信息后从中挖掘客户知识，并结合内部技术与专业知识形成产品创新方案；二是销售商作为产品浅层设计者，通过制造商提供的创新平台和技术支持来表达个性化需求，如颜色、材料、大小等，制造商则将这些需求数据、信息与内部技术知识相结合来设计产品解决方案；三是销售商作为协同创新者，直接参与数据、信息、知识的融合过程，与制造商密切互动共同解决问题，实现创新。融合创新协同程度模型见图6.1。

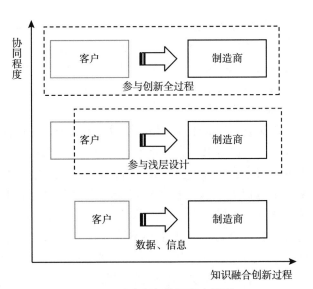

**图 6.1　融合创新协同程度模型**

　　知识融合创新的三种协同程度从低到高地在协同过程中表现为制造商与销售商不同的合作决策与行为选择。根据图 6.1 及上述分析，制造商与销售商之间的协同程度可以分为三种情形，并对应三种协同程度情境下的知识融合创新决策过程，如图 6.2 所示。

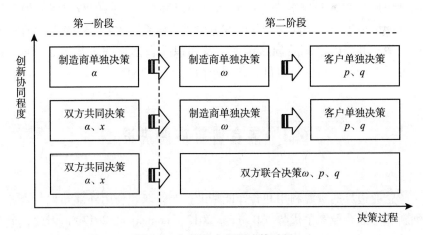

**图 6.2　知识融合创新决策过程**

　　一是低度协同，这种协同情况对应传统情境下，销售商作为数据、信息提供者，不直接参与产品解决方案的生成，没有决策权，也不做决策，制造商收集客户数据和信息，并将其转化吸收与内部技术与专业知识结合进行以制造商为主的创新，制造商做全部决策。制造商作为主要创新者，自行确定创新水平 $x$，然后对新产品批发定价 $\omega$；销售商仅作为数据和信息的提供者，支付零售价格 $p$ 和购买的数量 $q$，这是一种分散决策情形。

二是中度协同，对应销售商作为产品浅层设计者，通过制造商提供的创新平台和技术支持来表达个性化需求，价格和产量受销售商行为的影响，实质表现为销售商做部分决策，制造商则将这些需求数据、信息与内部技术知识相结合来设计产品解决方案。销售商为了满足自己所接触客户的个性化需求，参与创新过程，提供如颜色、材料、风格、大小等需求表达，这影响了供应链成本。一方面，制造商不需要单独设计，也不用担心不符合客户需求，降低了不确定性风险，避免了库存积压，同时也给客户提供了更多的选择；另一方面，客户降低了搜寻成本，降低了买到不符合需求产品的潜在风险，提高了满意度。这些成本、风险的降低影响了产品的定价和产量或销量。在这个协同创新的过程中，双方的决策分为两个阶段，第一阶段，双方共同决策产品创新水平 $x$，销售商参与协同对产品创新的贡献度 $\alpha$；第二阶段，制造商制定新产品批发价格 $\omega$，销售商对制造商的定价做出反应，决策零售价格 $p$ 和订购量 $q$。在这一情境下，双方在客户知识融合创新阶段进行协同，而在新产品销售阶段各自独立决策。

三是高度协同，销售商作为协同创新者，直接参与到从数据到知识，再到创新的高度协同过程，与制造商互联互通、知识共享、共同创新，双方做共同决策。在这种情境下，知识融合创新的双方以供应链系统收益最大化为目标，并进行集中决策，共同确定产品创新水平 $x$ 及知识融合创新的贡献度 $\alpha$，实现创新后，双方对新产品进行联合定价，共同协商决定采购量。

# 6.3 融合创新协调决策

跨越企业边界的资源利用和合作能帮助企业获取和利用外部知识与资源，以促进创新，增强企业竞争优势（Bogers，2012；Tranekjer，2017），因此，节点企业之间具有较强的合作意愿。数字技术与数字经济的迅速发展创造了比传统更容易互动、对话和协作的环境（Chierici et al.，2019；Lozada et al.，2019），而且也提供了更加丰富的数据和知识资源，这也促进了合作者之间更有效地互动和交换、共享大量数据、信息和知识，尤其是处于企业外部的客户知识（Chen et al.，2020；Kunz et al.，2017）。但是，并不是技术提高了，知识资源丰富了就一定能实现创新，利益相关者之间的协调机制也起到重要作用（Srivastava，2017）。这源于企业与销售商是独立的经济实体，往往存在最大化自己的利益为目标倾向，存在双重边际效应（孙立缘等，2019）。因此，在知识融合创新中的制造商和销售商如何决策及选择行为以降低双重边际效应，促进合作至关重要。

## 6.3.1 制造商单独决策

本部分讨论第一种情境，低度协同。销售商仅作为数据、信息的来源，不直接参与产品解决方案的生成，没有决策权，不做决策，制造商收集客户数据和信息，并将其转化吸收与内部技术和专业知识结合进行以制造商为主的创新，制造商做全部决策。制造商作为主要创新者，自行确定创新水平 $x$，然后对新产品定价；销售商仅作为数据和信息的提供者，确定需要支付的零售价格 $p$ 和购买的数量 $q$。

为了便于建模，本部分假设在由制造商 $m$ 和销售商 $n$ 构成的供应链中，双方就客户知识融合创新进行合作。首先，双方在做决策前，对知识融合创新和市场需求达成共同认识，具体介绍如下所示。

创新前，假设市场需求函数为 $q = a - p$，其中，$q$ 为产品市场需求量，$a$ 为大于零的常数，表示价格为 0 时的市场需求量，$p$ 为产品市场零售价格。现在，技术知识优势方的制造商与客户知识优势方的销售商合作实施一项客户知识融合创新项目，改进或研发新产品。改进或创新后，产品更加符合客户的偏好，进而促使市场需求量增加，这时，需求函数变为 $q = a + \beta x - p$。其中，$\beta x$ 为制造商创新引起的市场需求增加量，其中 $x$ 为产品创新水平，假设其为正连续变量，$\beta$ 为产品创新水平对市场需求的引致系数，$\beta > 0$。整个创新过程包括知识融合创新与创新收益分配两个阶段，在产品创新收益分配阶段，制造商定批发价为 $\omega$。

在制造商单独创新的情况下，双方没有知识协同，制造商单独确定创新水平、价格和产量。决策过程如下：制造商根据自己的知识和能力确定创新水平以提高市场占有率，然后对新产品定价；销售商根据制造商宣布的价格来决定自己的市场支付价格 $p$ 和订购量 $q$。其中，$p > \omega$，这是因为在 C2B 情境下，制造商单独创新时，相较于标准化批量生产，小批量和个性化使制造商的成本增加，销售价格需要弥补制造商的成本，即满足客户个性化特定需求需要支付的额外价格。这与实际商业商场上的情况相符，C2B 定制的新产品一般情况下比同等质量的标准品价格更高。

在创新过程中，制造商付出成本为创新水平 $x$ 的函数 $C_m(x) = \lambda_m x^2$，其中 $\lambda_m > 0$，$\lambda_m$ 表示制造商的创新成本系数。此时：

制造商的收益函数为：

$$\pi_m = \omega(a + \beta x - p) - \lambda_m x^2 \tag{6-1}$$

销售商的收益函数为：

$$\pi_r = (p - \omega)(a + \beta x - p) \tag{6-2}$$

供应链的系统收益为：

$$\pi = \pi_m(x) + \pi_r(x) = p(a + \beta x - p) - \lambda_m x^2 \tag{6-3}$$

得到销售商的价格决策为：

$$p(x, \omega) = \frac{a + \beta x + \omega}{2} \tag{6-4}$$

由式（6-4）可知，制造商的新产品定价和创新水平对销售商的定价有影响。将式（6-4）代入式（6-1），可得：

$$\pi_m(x, \omega) = \frac{\omega(a + \beta x - \omega)}{2} - \lambda_m x^2 \tag{6-5}$$

由式（6-5）可知，制造商的收益是其新产品价格与其创新水平的函数。

对式（6-5）中的 $\omega$ 求一阶导数，得到制造商收益最大化下的新产品价格决策：

$$\omega(x) = \frac{a + \beta x}{2} \tag{6-6}$$

将式（6-4）、式（6-6）代入式（6-1），并对 $x$ 求一阶导数，可得制造商单独创新下的最优产品创新水平为：

$$x_\beta^* = \frac{\beta a}{8\lambda_m - \beta^2} \tag{6-7}$$

## 6.3.2  中度知识融合创新协同决策

在中度知识融合创新的情况下，客户知识优势方共享客户知识，制造商则将客户知识与自己的技术专业知识相融合，双方基于客户知识进行创新，共同确定产品创新水平，但各自决定价格和产量。决策过程如下：首先，制造商与销售商根据协同的知识和能力确定创新水平；其次，制造商对新产品定价，销售商根据制造商宣布的价格来决定市场价格和产量（订购量）。

销售商共享数据和客户知识，并参与制造商的知识融合创新过程，需要付出成本（如建立信息系统、挖掘数据和创新知识、派遣人员、知识服务与协作等）。设销售商的成本函数为 $C_r(x)$，其中，$\alpha$ 为销售商的知识贡献度，销售商成本函数的大小与创新水平 $x$ 和销售商的知识贡献度 $\alpha$ 紧密相关。因此，假定销售商的成本函数为 $C_r(x) = \lambda_r(\alpha x)^2$，其中，$0 < \alpha < 1$，表示销售商参与协同对产品创新的贡献系数，这反映了销售商对知识协同的参与意愿；$\lambda_r$ 表示销售商的成本系数。由于销售商共享知识及协助制造商进行知识融合创新需要付出成本，因此，$\alpha x$ 是其成本函数的组成部分。同理，制造商需要付出的知识融合创新成本为 $C_m(x) = \lambda_m[(1-\alpha)x]^2$。

创新使制造商产品的市场需求增加，销售商也能获得一定的增量收益，销售商有动力协助制造商进行知识融合创新，以获得更大的创新收益。知识融合创新情况下双方的收益分别为：

$$\pi_m = \omega(a + \beta x - p) - \lambda_m[(1-\alpha)x]^2 \tag{6-8}$$

$$\pi_r = (p - \omega)(a + \beta x - p) - \lambda_r(\alpha x)^2 \tag{6-9}$$

知识融合创新下系统整体收益为：

$$\pi = \pi_m(\theta) + \pi_r(\theta) = p(a + \beta x - p) - \lambda_m[(1-\alpha x)]^2 - \lambda_r(\alpha x)^2 \tag{6-10}$$

因为新产品销售阶段制造商与销售商并没有进行协同，所以联立式（6-8）、式（6-9）、式（6-10）可得创新后双方的共同收益为：

$$\pi_b = \frac{3(a + \beta x)^2}{16} - \lambda_m[(1-\alpha)x]^2 - \lambda_r(\alpha x)^2 \tag{6-11}$$

在知识创新的协同阶段，制造商和销售商共同确定创新水平 $x$ 和客户知识贡献度 $\alpha$，以最大化双方共同收益为目标。基于此，由式（6-11）分别对 $x$ 和 $\alpha$ 求一阶导数，并联立求解，可得最优创新水平 $x_i^*$ 与最优知识贡献度 $\alpha_i^*$：

$$x_i^* = \frac{3a\beta(\lambda_m + \lambda_r)}{16\lambda_m\lambda_r - 3\beta^2(\lambda_m + \lambda_r)} \tag{6-12}$$

$$\alpha_i^* = \frac{\lambda_m}{\lambda_m + \lambda_r} \tag{6-13}$$

## 6.3.3　高度知识融合创新协同决策

在高度知识融合创新的情况下，制造商与销售商双方进行数据互联互通，客户知识与技术专业融合，双方共同决定创新水平，共同确定价格和产量。决策过程如下：第一阶段，制造商与销售商根据自身的知识和能力优势诊断后共同确定创新水平；第二阶段，制造商与销售商共同确定价格和产量。

采用上述同样的方法，求高度知识融合创新协同决策情境下的最优创新水平 $x_j^*$ 与最优客户知识贡献度 $\alpha_j^*$ 。在新产品销售阶段，由式（6-10）对 $p$ 求一阶导数可得：

$$p(x) = \frac{a + \beta x_j}{2} \qquad (6-14)$$

将式（6-14）代入式（6-10）可得：

$$\pi_j = \frac{a + \beta x}{4} - \lambda_m \left[ (1 - \alpha) x \right]^2 - \lambda_r (\alpha x)^2 \qquad (6-15)$$

由式（6-15）分别对 $x$ 和 $\alpha$ 求一阶条件，并联立求解，得到高度协同决策下的最优创新水平 $x_j^*$ 与最优知识贡献度 $\alpha_j^*$ ：

$$x_j^* = \frac{a\beta(\lambda_m + \lambda_r)}{4\lambda_m \lambda_r - \beta^2(\lambda_m + \lambda_r)} \qquad (6-16)$$

$$\alpha_j^* = \frac{\lambda_m}{\lambda_m + \lambda_r} \qquad (6-17)$$

# 6.4 决策分析

6.3 节构建了制造商单独创新、制造商与销售商中度协同、高度协同的知识融合创新最优决策模型，并求解出模型的结果。通过这些模型及结果，我们可以分析知识融合创新过程中制造商是否能从中受益，并达到预期目标，与销售商进行哪种程度的合作才能使收益最优；销售商是否会参与知识融合创新协同，若参与，其参与的程度与收益怎样，知识融合创新对市场需求产生什么样的影响等问题。

三种不同情境下的创新水平、市场占有量及收益如表6.1 所示。

表 6.1　　　　不同情境下创新水平、市场占有量及客户知识贡献度

| 决策 | 创新水平 $x$ | 市场占有量 $q$ | 客户知识贡献度 $\alpha$ |
|---|---|---|---|
| 单独创新 | $\dfrac{a\beta}{8\lambda_m - \beta^2}$ | $\dfrac{2a\lambda_m}{8\lambda_m - \beta^2}$ | 0 |

续表

| 决策 | 创新水平 $x$ | 市场占有量 $q$ | 客户知识贡献度 $\alpha$ |
|------|-------------|---------------|---------------------|
| 中度协同 | $\dfrac{3a\beta(\lambda_m+\lambda_r)}{16\lambda_m\lambda_r-3\beta^2(\lambda_m+\lambda_r)}$ | $\dfrac{4a\lambda_m\lambda_r}{16\lambda_m\lambda_r-3\beta^2(\lambda_m+\lambda_r)}$ | $\alpha_i^*=\dfrac{\lambda_m}{\lambda_m+\lambda_r}$ |
| 高度协同 | $\dfrac{a\beta(\lambda_m+\lambda_r)}{4\lambda_m\lambda_r-\beta^2(\lambda_m+\lambda_r)}$ | $\dfrac{2a\lambda_m\lambda_r}{4\lambda_m\lambda_r-\beta^2(\lambda_m+\lambda_r)}$ | $\alpha_j^*=\dfrac{\lambda_m}{\lambda_m+\lambda_r}$ |

根据表6.1，可以得到如下结论。

结论1：创新水平 $x$ 随着创新的市场需求引致系数 $\beta$ 的增加而递增，随着知识融合创新成本系数 $\lambda_m$ 和 $\lambda_r$ 的增加而递减。

由式（6-7）、式（6-12）、式（6-16），可求得$\partial x/\partial\beta>0$，说明无论是制造商单独创新还是知识融合协同创新的情形下，知识创新最终引致的市场需求比例越大，企业越愿意致力于提高创新水平。随着知识创新引致系数的增加，新产品市场需求变大，这使企业的整个市场占有率提高，并赢得了竞争优势。

由式（6-7）、式（6-12）、式（6-16），可求得$\partial x/\partial\lambda_m<0$，$\partial x/\partial\lambda_r<0$，这表明创新过程中，创新水平随着成本系数的增加而递减，主要由于需要较大投入的创新更加昂贵，随着知识协同投入成本的增加，该项新知识的吸引力降低，从而削弱了企业协同和创新的积极性，导致创新水平降低。

结论2：在协同决策中，高度协同决策下的最优创新水平优于中度协同决策下的最优创新水平；协同决策下的最优创新水平高于非协同决策下的最优创新水平；即有 $x_j^*>x_i^*>x_\beta^*$，$x_t^*>x_\beta^*$（$x_t^*$ 表示知识协同下的创新水平）。

由式（6-7）、式（6-12）、式（6-16）比较制造商单独创新决策与知识融合创新协同决策模式下创新水平的最优值，总有 $x_j^*>x_i^*>x_\beta^*$。这表明知识融合创新的过程中，随着协同程度的加深，创新水平也随之提高，高度协同决策导致更高的创新水平。该结论强调了协调机制对知识协同及其创新的重要性。当制造商与销售商不进行知识创新协同时，纵向外部性导致双重边际效应，各企业只考虑自身的收益最大化，而对知识融合创新的投入由于仅关注自身的利益而较少。知识融合创新决策（中度协同决策）降低或（高度协同决策）消除了这一外部性，从而得到更高的创新水平，提升了竞争力。

将单独创新模式与知识融合创新协同模式进行比较，得到 $x_t^*>x_\beta^*$，即制造商在销售商参与知识融合创新协同后，能够提高创新水平。这表明在协同创新过程中，不仅制造商的知识投入影响了最终项目的创新绩效，而且销售商参与知识协同也对创新做出了贡献，促进了创新水平的提高。由此可知，供应链下游客户知识优势方与上游的制造商进行客户知识融合创新对产品创新具有重要意义。这是由制造商与销售商的不同分工及其拥有知识的特点决定的，大数据形成数字鸿沟的同时，也创造了协同创新的数字技术和管理的可行性，通过数据互联互通，客户知识共享，制造商与销售商协同创新，进一步提升了供应链创新绩效。

结论3：在知识融合创新协同的过程中，高度协同决策下的最优市场占有量优于中度协同决策下的最优市场占有量；协同决策下的最优市场占有量高于非协同决策下的最优市场占有量；即有 $q_j^* > q_i^* > q_\beta^*$，$q_t^* > q_\beta^*$。

由于 $q = a + \beta x - p$，因此，将各模型中求得的最优创新水平解和价格解代入该式即可求得相应的市场占有量 $q_\beta^*$、$q_i^*$、$q_j^*$，得到 $q_j^* > q_i^* > q_\beta^*$，显然有 $q_t^* > q_\beta^*$。这表明随着知识协同程度的提升，创新水平提高，新产品市场需求扩大，从而增加了企业及其供应链的市场占有量，提升了企业及其供应链的竞争能力。这表明客户知识融合创新协同的协调机制对提高市场占有率具有重要意义。

三种不同情境下知识融合创新带来的收益比较如表6.2所示。

**表6.2** 　　　　　　　　　　　　　　不同情形下知识创新收益

| 决策 | 系统收益 $\pi$ | 制造商收益 $\pi_m$ | 销售商收益 $\pi_r$ |
|---|---|---|---|
| 单独创新 | $\dfrac{a^2 \lambda_m (12\lambda_m - \beta^2)}{(8\lambda_m - \beta^2)^2}$ | $\dfrac{a^2 \lambda_m}{8\lambda_m - \beta^2}$ | $\dfrac{4\, a^2 \lambda_m^2}{(8\lambda_m - \beta^2)^2}$ |
| 中度协同 | $\dfrac{3\, a^2 \lambda_m \lambda_r}{16\lambda_m \lambda_r - 3\beta^2(\lambda_m + \lambda_r)}$ | $\dfrac{a^2 \lambda_r^2 \lambda_m (32\lambda_m - 9\beta^2)}{(16\lambda_m \lambda_r - 3\beta^2 \lambda_m 3\beta^2 \lambda_r)^2}$ | $\dfrac{a^2 \lambda_m^2 \lambda_r (16\lambda_r - 9\beta^2)}{(16\lambda_m \lambda_r - 3\beta^2 \lambda_m 3\beta^2 \lambda_r)^2}$ |
| 高度协同 | $\dfrac{a^2 \lambda_m \lambda_r}{4\lambda_m \lambda_r - d^2(\lambda_m + \lambda_r)}$ | $\dfrac{2a\lambda_m \lambda_r \omega_j}{4\lambda_m \lambda_r - \beta^2 \lambda_m - \beta^2 \lambda_r}$ $-\dfrac{a\lambda_r \beta^2}{(4\lambda_m \lambda_r - \beta^2 \lambda_m - \beta^2 \lambda_r)^2}$ | $\dfrac{a^2 \lambda_m^2 \lambda_r (4\lambda_r - \beta^2)}{(4\lambda_m \lambda_r - \beta^2 \lambda_m - \beta^2 \lambda_r)^2}$ $-\dfrac{2a\lambda_m \lambda_r \omega_j}{4\lambda_m \lambda_r - \beta^2 \lambda_m - \beta^2 \lambda_r}$ |

由表6.2可知，高度协同情况下的最优系统收益大于中度协同，而中度协同情况下的系统收益大于非协同情况下的系统收益。这一结果与结论2和结论3一致，这是因为协同机制降低了制造商与销售商之间知识融合创新的外部性。而创新水平和市场占有量随着协同程度的增加而提高，这也使协同情况下的系统收益增加。

在表6.2中，分别比较协同与非协同两类情况下制造商的收益与销售商的收益可得如下结论。

结论5：协同情况（包括中度协同与高度协同）下制造商的最优收益大于非协同情况下制造商的最优收益，协同情况下的销售商最优收益也大于非协同情况下销售商的最优收益，即 $\pi_{mt} > \pi_{m\beta}$，$\pi_{rt} > \pi_{r\beta}$；而在协同情况下，销售商选择哪种决策取决于制造商的定价 $\omega_j$：$\omega_j \geqslant A$，$\pi_{mj} \geqslant \pi_{mi}$；$\omega_j < A$，$\pi_{mj} < \pi_{mi}$，其中 $A = \dfrac{4a\lambda_m\lambda_r[\beta^4(\lambda_m + \lambda_r)(4\lambda_m + \lambda_r) + 2\beta^2\lambda_m\lambda_r(32\lambda_m\lambda_r - 16\lambda_m - 9\lambda_r)]}{(4\lambda_m\lambda_r - \beta^2\lambda_m - \beta^2\lambda_r)(16\lambda_m\lambda_r - 3\beta^2\lambda_m - 3\beta^2\lambda_r)^2}$。

由表6.2可知，结合结论2和结论3可得到 $\pi_{mt} > \pi_{m\beta}$，$\pi_{rt} > \pi_{r\beta}$，这表明在销售商参与知识协同创新过程后，制造商收益、销售商收益均大于传统情境下，即制造商单独创新的收益。这是因为销售商参与知识协同创新后，降低或消除了双重边际效应，充分利用和发挥了知识资源的作用，从而提高了协同双方的收益。

而在知识创新协同决策的过程中，由于协同程度不同，存在中度协同与高度协同两种情况，这意味着制造商与销售商协同时仍然要面对决策选择。在高度协同决策下，由于制造商与销售商作为一个系统进行知识融合创新，因此，获得的收益要在双方之间进行分配。收益怎样分配则依赖制造商制定的新产品价格 $\omega_j$。比较中度协同和高度协同两种决策，可以得到一个制造商定价的临界值 $A$，如果制造商定价高于该价格，则制造商将会分配到更多的收益。此时，销售商将不愿意参与高度协同，而选择中度协同；反过来，如果制造商定价低于 $A$，那么，销售商将会分配到更多的收益，这时，销售商更愿意选择高度协同。由此可见，临界值 $A$ 是制造商协调与销售商合作的关键。

对比低度协同（传统情景）、中度协同与高度协同三种情况下的制造商与销售商的客户知识协同创新行为发现：知识协同整合了制造商与销售商的知识和能力优势，削弱或打破了数据、知识"孤岛"，跨越组织边界进行创新合作，降低或消除了双重边际效应，提高了产品创新水平，扩大了市场需求，从而增强了企业及供应链的整体竞争力。创新水平随知识创新引致系数递增，随制造商与客户投入成本系数递减。因此，在知识融合创新的过程中，企业应利用数字化技术提供的便利不断改进技术、提高能力从而控制成本，增强知识及其创新的收益转化能力，最终提高整体竞争力。从制造商的角度来看，制造商是产品创新的领导者，在中度协同与高度协同决策的情境下，权力控制集中程度不同，使企业的创新水平与市场占有量因此不同。这表明企业在进行协同创新决策时需要从实际情况出发，采取适合合作双方的协调策略。而对销售商而言，其参与意愿决策依赖制造商对新产品的定价临界值 $A$。

# 6.5 本章小结

本章对大数据驱动的 C2B 供应链客户知识融合创新的过程中，上游技术、专业知识和能力优势方与下游客户知识、能力优势方之间的客户知识融合创新协调机制进行了研究。为简化研究，假定在一个由制造商和销售商组成的供应链中，双方就客户知识融合创新进行合作。基于此，本书在分析知识融合创新合作双方的知识特点、能力、角色、行为选择的基础上，构建了低度协同（销售商作为数据提供者）、中度协同（销售商作为浅层产品设计师）和高度协同（销售商作为协作创新者）三种不同情境下的知识协同决策模型。由研究得出以下结论。

（1）客户知识融合创新水平随着创新的市场需求引致系数的增加而递增，随着知识融合创新成本系数的增加而递减。

（2）在协同决策中，高度协同决策下的最优创新水平优于中度协同决策下的最优创新水平；协同决策下的最优创新水平高于非协同决策下的最优创新水平。

（3）在知识融合创新协同的过程中，高度协同决策下的最优市场占有量优于中度协同决策下的最优市场占有量；协同决策下的最优市场占有量高于非协同决策下的最优市场占有量。

（4）协同情况（包括中度协同与高度协同）下制造商的最优收益大于非协同情况下制造商的最优收益，而且协同情况下的销售商最优收益也大于非协同情况下销售商的最优收益。

（5）在知识创新的协同决策过程中，销售商选择哪种决策取决于制造商的定价临界值，如果制造商定价高于该价格，则销售商将不愿意参与高度协同而选择中度协同；反之，如果制造商定价低于该价格，那么，销售商将会分配到更多的收益，这时，销售商则更愿意选择高度协同。

由此可知，在大数据驱动下，制造商应充分利用数字化技术提供的便利，与销售商建立数据互联互通、知识共享、共同创新的机制，提高知识融合创新的效率和效果。

制造商应根据自身能力和客户需求，选择合适的协同程度和协调机制，平衡好自身利益和销售商利益，激发销售商参与知识融合创新的积极性和主动性。

制造商应根据市场需求引致系数和知识融合创新成本系数，以确定合理的创新水平和定价策略，扩大市场份额和收益空间。

制造商与销售商合作时需要仔细考虑定价策略，并设置正确的定价阈值，可以影响销售商参与高度协作决策的意愿，从而实现互惠互利的结果。因此，制造商应注意维护与销售商的长期合作关系，建立信任和互惠互利的伙伴关系，共享知识资源和创新成果。

投资知识融合，为了促进知识融合创新，企业不仅要考虑投资于能够实现数据集成、知识共享和协作决策的技术和系统，还需要制定协调机制，建立与客户知识优势成员之间的良好关系，以便制定更好的产品解决方案、降低风险并提高客户满意度。

# 第7章

# 大数据驱动的 C2B 供应链
# 客户知识融合创新对策

　　数据要素正在成为资本、土地、技术、劳动力、管理等之外最先进、最活跃的新生产要素，驱动实体经济在生产主体、生产对象、生产工具和生产方式方面发生深刻变革。现阶段，我国社会的主要矛盾是人民日益增长的美好生活需要和不平衡不充分的发展之间的矛盾。这意味着在大数据时代，大数据作为生产要素，与其他要素相互作用，驱动企业的数字化变革，推进企业创新，以不断满足人们日益增长的美好生活需要。从供应链知识管理的角度来看，大数据驱动供应链变革，由传统的 B2C 模式逐步转向 C2B 模式。然而，C2B 供应链作为一种处于探索阶段的供应链新形态，一方面，客户知识分布零散，存在数据与知识"孤岛"，缺乏客户知识整合机制；另一方面，供应链成员作为有边界的实体，流程相对独立，往往以自身利益最大化为目标，这些因素阻碍了供应链客户知识融合创新的实现。本书的研究围绕这些问题展开，从第 3 章到第 6 章在本书探索的层次上逐步回答了前面三个问题，本章则在前面研究的基础上试图构建对策体系，并对第四个问题进行回答。

# 7.1　驱动要素、影响因素与作用机制

本节从融合创新的驱动要素、影响因素分析出发，进一步从解决方案的角度重点探讨知识、流程、跨组织合作三个维度下融合创新的作用机制，提出融合创新模式、实现方法和步骤。

## 7.1.1　驱动要素与作用机制

本章进一步从整体框架体系的角度对大数据驱动的 C2B 供应链客户知识融合创新的作用机制做进一步分析。

大数据驱动的 C2B 供应链知识融合创新是一个以客户为中心，从客户需求出发，利用大数据技术和平台实现供应链上游、下游各方的数据互联互通、知识共享、共同创新，提高供应链的效率、效果和竞争力的过程。在这个过程中，供应链客户知识融合创新的驱动力首先来源于驱动要素，如第 3 章提出的四个主要驱动要素——技术、政策、市场竞争与消费者。这些要素首先为融合创新提供了大数据资源保障。数据是生产要素，是供应链知识融合创新的基础，数据资源的质量、数量、类型、流动性等决定了知识融合创新的潜力和价值。数据资源的获取、整合、分析、利用等环节需要有相应的技术支撑和管理机制，以保障数据的安全、有效和高效。在 C2B 供应链中，消费者即终端客户，是数据的初始来源，客户互动、社交媒体、物联网设备和在线平台等各种来源产生的大量客户数据，为客户知识融合创新提供了丰富的数据资源。大数据获取、整合、分析技术用以识别数据中的模式、趋势和相关性，获取客户知识，进而与供应链成员实施知识共享，促进知识融合，从而实现创新。政策的支持促进了政府、企业在大数据方面的投资，如大数据基础设施硬件、软件、人才培养等方面的投资，从而提升了企业的大数据获取、整合、分析能力，使知识创新具备了良好的物质基础和人才基础。市场竞争则推进了企业知识融合创新的进度和效率，使大数据驱动的 C2B 供应链知识融合创新有效、高效，并在更大范围展开。

由此可见，技术、政策、市场竞争与消费者四个要素驱动了 C2B 供应链知识融合创新，这为供应链企业的知识融合创新提供了驱动力方面的对策思路。面对大数据技术的冲击，企业面临巨大的挑战，需要适应时代潮流，采用大数据技

术改造企业，建立以客户为中心的数字化平台，促进数据互联互通、知识的共享和创新的协同。在这个过程中，政府在宏观层面制定了一系列政策以支持企业的变革，企业要深入理解和利用这些政策进行变革和升级。企业变革的目的是满足消费者需求，赢得市场竞争。因此，市场竞争和消费者驱动要素成为企业在技术、组织、管理等方面变革的直接动力，企业应密切关注消费者动态，持续长期追踪、管理好客户数据，并与利益相关者协作利用好这些数据；同时企业也要关注市场竞争的动态，收集竞争者数据，从而作出应对策略。

## 7.1.2　影响因素与作用机制

大数据驱动的 C2B 供应链知识融合创新过程往往受诸多因素的影响。首先，在大数据环境下，供应链网络从过去的价值链演变为知识共享的价值网络，该网络中的成员是不同的知识主体，并成为网络节点，而连着这些节点的线，则是网络成员之间构成的关系。数据、知识在这个网络中流动的量、速度等受到参与方之间的路径、关系的影响。这一影响因素的研究为路径分析、激励机制、协调关系分析奠定了基础。其次，协同创新环境在一定程度上决定知识协同创新效应的高低，例如，对员工的大数据能力的教育与培养，供应链节点成员间的数据互联互通、交流交互，组织决策权的分配、激励等，共同构成协同创新环境，这些影响因素的分析为第 4 章的路径研究设计问卷提供了思路，也为激励机制、协调关系提供了参考。再次，数据分析能力影响因素，数据分析能力包括数据获取、整合和分析，外部数据、内部数据、实时数据的获取、整合和分析，以及数据共享与知识获取等的识别也是后续章节的问卷设计、路径、关系研究的基础。最后，客户知识协同能力和创新能力是影响知识融合创新的重要因素。在 C2B 供应链客户知识融合创新的过程中，从数据到知识再到创新，要跨越从销售/营销到生产制造再到研发的流程，也要跨越从客户到销售商/零售商再到制造商的组织界限，因此协同能力在融合创新中至关重要，对客户知识协同能力因素的分析为作用路径中的大数据获取与分析、从分析中获得客户知识并管理、内部学习与知识共享等提供了参考，也为激励、协调决策的研究提供了思路。而知识创新能力影响因素的分析为后面章节目标变量的设计奠定了基础。

综上所述，影响因素的研究从供应链网络知识结构、节点之间的关系、路径、激励、协调、创新等方面进行，不仅分析了各因素本身的内涵，而且对各因素之间的复杂关系也进行了评估，这为 C2B 供应链知识融合创新作用路径的研究奠定了基础，也在一定程度上给出了对策启示：在大数据驱动下，供应链核心企业要找准一致目标，构建供应链知识网络，将利益相关的节点成员纳入知识网络，以实现客户数据互联互通、知识共享和协同创新；在这个过程中，核心企业要对参与企业进行激励与协调，以建设高效的创新生态系统。

# 7.2　三维作用路径

根据前文分析，下面从数据—知识—创新、销售/营销—制造—研发流程、客户—销售商/零售商—制造商跨组织三个维度来讨论大数据驱动的 C2B 供应链客户知识融合创新的作用路径与机制及对策。

## 7.2.1　数据—知识—创新维度

从数据—知识—创新维度来看，在厘清客户大数据的概念、特点的基础上，关注对客户大数据的获取、整合、挖掘和分析，并发现其中隐藏的模式、规律和价值即获取客户知识，并对这些知识进行共享，与制造商技术专业知识融合，运用到具体问题的解决和产品开发中，实现知识、技术、产品和服务等的创新。

客户数据是客户知识的基础，客户知识是创新的源泉，创新是数据价值的体现。在大数据环境下，处于供应链下游的终端客户通过电商平台、社交媒体、移动设备、物联网和其他网络平台产生大量的结构化、非结构化异质数据，如交易数据、视频、音频、文字、图片、地理位置等均以数据的形式出现，成为生产要素。而这种生产要素并不能直接产生价值，需要通过技术作用于其，主要包括数据获取、数据分析与知识获取、知识利用。

数据获取是融合创新的前提条件，涉及数据的来源、渠道和获取方式，这意味着要广泛收集和整合来自不同领域、不同层次、不同形式的数据，以形成大数据的数据湖。

数据分析与知识获取是融合创新的关键环节，包括数据处理、挖掘、可视化等。实现融合创新，要有效地利用大数据技术和工具，对收集和整合的数据进行清洗、抽取、聚类、分类、关联、预测等操作，并发现数据中隐藏的规律和价值，形成智能化的数据洞察，获取客户知识。

知识利用是融合创新的核心过程，包括知识吸收转化、知识创造与创新。这要求将获取的客户知识进行吸收，与企业内部的专业知识、技术知识相融合，创造新知识，应用新知识于具体的问题解决和产品开发，形成创新的知识产出。在外部客户知识与制造商内部专业技术知识融合时，强调跨组织、跨职能之间的外部知识、内部知识融合，共同协作创新。

## 7.2.2 销售/营销—制造—研发流程维度

从销售/营销—制造—研发流程的维度来看，销售/营销连接供应链的需求端，制造连接供应链的供给端，研发连接供应链的创新端。在从数据挖掘分析知识、知识转化为创新的过程中，客户所直接触达的销售/营销端展现需求，是融合创新的起点，供应链企业通过这一流程获取客户大数据并从中挖掘客户知识，进而将客户知识传递到制造端和研发端，使知识通过这些流程连接的路径在供应链内流通起来，互联互通，共享、协同和创新。

在这个过程中，流程设计是融合创新的基本环节，包括流程目标、内容和步骤。流程设计要根据具体的产品或服务主题，明确流程的期望结果和评价指标，并确定流程所涉及的主体和对象，规划流程所需的资源和条件，设计流程所遵循的原则和方法，形成清晰的流程框架。

流程执行是融合创新的关键环节，涉及流程控制、协调、优化等问题。要实现融合创新，就要根据设计好的流程框架，按照既定的步骤和方法进行操作和实施，同时也要注意监测和评估流程中出现的问题和风险，并及时进行调整和改进，保障流程顺畅进行和高效完成，形成规范化的流程管理。

客户知识融合创新项目的流程不是一蹴而就的，而是具有一定的探索性质，特别是初次实施时。此外，大数据外部环境、客户、技术、人员等的变化也会影响流程的操作和实施。因此，流程改进是融合创新的持续环节，涉及流程反馈、总结、更新等问题。要实现融合创新，就要根据执行完毕的流程结果和效果，收集和分析相关数据和信息，并与预期目标和指标进行对比和评价，以找出流程中存在的优势和不足，提出改进和完善的建议和措施，并在下一轮的流程设计和执行中进行应用和验证，形成持续的流程优化。

## 7.2.3 客户—销售商/零售商—制造商跨组织合作维度

从客户—销售商/零售商—制造商跨组织合作维度来看，合作主体是跨组织合作的基本要素，合作机制是跨组织合作的核心要素，合作效果是跨组织合作的评价要素。

合作主体涉及合作方的选择、组成、角色等，要实现融合创新，就要根据具体的产品或服务主题选择具有相同或相近的目标、愿景、价值观，具有互补或协同的资源、能力、优势，具有良好的信誉、信任、信用的合作方，构建多元化、多层次、多形式的合作组织，明确各方在合作中的职责和权利，形成协同的合作主体。

合作机制是跨组织合作成功的关键，涉及合作模式、规则、平台等，要实现融合创新，就要根据具体的产品或服务主题，确定合作的方式和范围，如联盟、网络、平台等，制定合作的原则和标准，如利益分配、风险承担、知识保护等，搭建合作的工具和载体，如信息系统、沟通渠道、协同平台等，形成有效的合作机制。

合作效果包括合作成果、影响、价值等，要实现融合创新，就要根据具体的产品或服务主题，评估合作过程中产生的输出和贡献，如知识创新、技术创新、产品创新等，评估合作过程中产生的变化和影响，如效率提升、质量提高、满意度增加等，评估合作过程中创造的价值和意义，如经济效益、社会效益、环境效益等，形成评价化的合作效果。

## 7.3　激励机制与协调机制

本书分别对大数据驱动的 C2B 供应链客户知识融合创新激励机制、协调机制进行了研究。在大数据环境下，一方面，大数据本身的巨量、多样、高速和可挖掘性使大数据的利用单靠个别企业的努力难以实现，只有利益相关方合作或协作才能挖掘其中的价值，获取知识；另一方面，利益相关者往往是独立的经济实体，多为以自身利益最大化为目标的理性经济人，还存在流程、边界等使数据、知识难以联通、共享和利用。因此，供应链中的创新引领企业需要设计激励与协调机制来协调各方利益，打破流程、边界等障碍，促进协同合作，实现知识融合创新。

### 7.3.1　激励机制

在大数据驱动下，C2B 供应链强调以客户为中心，客户知识是创新的关键要素，在一个制造商和多个电子零售商构成的供应链中，制造商是创新引领者，而电子零售商是客户知识优势方，制造商需要设计合理的激励机制来激励电子零售商共享客户知识，促进客户知识融合创新。

基于委托代理理论，本书构建一个以知识共享、收益分享为激励要素的知识融合创新模型。模型分析结果显示，电子零售商共享客户知识的努力水平与制造商分配给他们的收益分享比例呈正相关关系，这意味着制造商可以通过调节客户知识融合创新收益比例来激励零售商共享客户知识，收益分享比例越高，电子零售商越愿意共享客户知识。这在实际商业运作中可表现为制造商给予电子零售商足够的收益激励，形成利益捆绑，则电子零售商愿意将自己的后台客户相关数据与制造商互联互通，愿意参与到制造商的共同创新生态系统中去；反之，则容易形成数据"孤岛"，造成客户数据不能充分利用，融合创新进度缓慢或者难以实现；制造商给予电子零售商的最优收益分享比例与制造商的客户知识创新能力努力水平弹性系数和制造商拥有的电子零售商数量呈负相关关系，与电子零售商的共享客户知识努力水平弹性系数呈正相关关系，这意味着制造商愿意给电子零售商多大的收益分享比例取决于制造商自己的知识融合创新能力，能力越高，制造商分配给零售商的收益越低，需要合作的电子零售商数量则越少，但制造商的这一能力与电子零售商的努力程度呈正相关关系。这给我们的管理启示是，制造商自身的知识融合创新能力越高，例如，制造商建立了较为完善的大数据获取、整合、知识提取和共享平台，建立了良好的共同创新生态系统。这时，制造商需要高质量高水平的合作者，在合作者选择上更注重质量而非数量。

同样地，前文研究结论也给零售商提供了参考，例如，面对制造商的激励是参与还是不参与，参与的程度如何把控？在客户知识融合创新的过程中，当供应链知识网络规模足够大，电子零售商数量比较多时，制造商更倾向于给予零售商更少的收益分配，这对零售商而言是机遇也是挑战，因为制造商需要的是高质量的客户知识，高水平的合作伙伴，如果单个零售商能提供高质量的客户知识，能在知识融合创新过程中做出更多贡献，并形成长期利益关联，那么，这类零售商将从中获得较多的利益分配。

基于上述理论，在具体的激励机制和制度设计及其应用方面，将涉及激励原则、策略、方法、内容和系统，下面将从以下五个方面对激励机制和制度进行探讨。

（1）激励机制设计原则。激励机制设计的目的是使大数据驱动的 C2B 供应链中利益相关的参与者，例如客户、销售商/零售商和制造商，共同努力去实现知识融合创新的目标。各参与者之间目标一致，利益一致。因此，在激励制度设计方面，应该遵循以下原则：①共赢原则，在设计激励机制的时候，需要考虑促进供应链各方互利共赢，形成协同合作的环境；②公平原则，机制要公平、合理，确保所有参与者的贡献都得到应有的回报；③有效性原则，激励机制应具有明确的目标和有效的实施方法，鼓励客户积极参与到知识融合创新的过程中来；④灵活性原则，机制应具有灵活性，以适应不同情况和商业环境的变化。

（2）激励策略。激励机制应包括外在激励和内在激励各种策略，以激励和奖励参与客户知识融合创新的参与者，并平衡这两种激励策略的使用，以达到最佳效果，其中的关键因素包括以下几点：①物质奖励，建立奖励制度，提供奖励，如奖金、股票期权，或利润分享，以鼓励积极参与创新过程；②荣誉和称号，认可和赞赏在客户知识融合创新方面表现出色的个人、团队或企业，授予荣誉和称号，提高其社会地位和声誉，提高他们在组织内的声誉和地位；③发展机会，提供培训、晋升等发展机会，鼓励员工不断提高能力和多做贡献；对于供应链企业成员，引领者企业可以提高其评价等级或给予更多或更长时间的合作机会。

（3）激励方法。为保障激励机制的有效性，可以运用以下多种激励方法：①奖励的差异化，根据个人、团队、企业的贡献和价值定制奖励，确保参与者获得与其努力相称的奖励；②长期激励，实施长期激励机制，鼓励持续参与和致力于客户知识融合创新；③实时激励，采用实时激励，及时确认和奖励贡献，提高参与者的参与热情。例如，通过数字化平台分享客户知识、学习知识以获得不同的积分，积累积分并设置兑换奖励等。

（4）内容激励。大数据驱动的C2B供应链客户知识融合创新的激励要有针对性，针对与之相关的内容贡献进行激励。内容可以分为描述性、诊断性、预测性和规则性四种类型。描述性数据和知识描述了供应链已经发生或正在发生的事情。诊断数据和知识解释了供应链发生或正在发生的事情的原因。预测性数据和知识预测供应链将要发生或可能发生的事情。规则性数据和知识建议供应链应该发生什么或应该做什么。针对这四大类内容不同的价值设置相应的激励。需要注意的是，内容应涵盖所有类型的数据和知识，以支持供应链中的决策和创新过程。

（5）系统支持。大数据驱动的C2B供应链客户知识融合创新激励设计，也与传统激励有所区别，除了前面的4项设计应针对大数据、客户知识、融合创新的特点来设计外，还有一个重要的特征是数字化系统的支持。激励系统需要嵌入供应链知识融合创新数字化平台中，使激励制度和方法更加便利、有针对性和自动化。这一系统除了应具备数据收集、整合、分析、可视化、分享、反馈、评估、奖励等功能外，还应该具有用户友好的界面、安全性、隐私性、可靠性、可扩展性、互操作性等特性。

## 7.3.2 协调机制

在大数据驱动的 C2B 供应链客户知识融合创新的过程中，上游技术、专业知识和能力优势方与下游客户知识、能力优势方之间的客户知识融合创新协调机制。研究在分析知识融合创新参与双方的知识特点、能力、角色和行为选择的基础上，构建了三种不同程度的协同决策模型，对比不同协同情况下，各参与方的客户知识融合创新决策和收益。

研究结论"客户知识融合创新水平随着创新的市场需求引致系数的增加而递增，随着知识融合创新成本系数的增加而递减"表明，制造商引领的客户知识融合创新与市场需求密切相关，而在 C2B 供应链中，通过大数据的获取、分析一方面能够把握创新的领域和方向，另一方面可以对客户需求做出较为精准的预测。因此，创新水平随客户需求的增加而提升，而创新水平的提升又会促进客户需求的增加，二者形成良性循环；但是，如果融合创新的成本过高，则抑制了创新水平的提升。这给企业带来的启示是，相较于传统创新，通过大数据驱动客户知识创新既有利于精准把握市场，又能够有方向性地提升创新水平，因此，企业应考虑重视和重点推进客户知识融合创新项目；但在这个过程中，需要不断降低成本，注意成本控制，不能盲目追求创新。

研究结论"在协同决策中，高度协同决策下的最优创新水平优于中度协同决策下的最优创新水平；协同决策下的最优创新水平高于非协同决策下的最优创新水平，高度协同决策下的最优市场占有量优于中度协同决策下的最优市场占有量；协同决策下的最优市场占有量高于非协同决策下的最优市场占有量"，"协同情况（包括中度协同与高度协同）下制造商的最优收益大于非协同情况下制造商的最优收益，协同情况下的销售商最优收益也大于非协同情况下的销售商最优收益"表明，在 C2B 供应链中，在制造商的引领下，客户知识优势方，如销售商/零售商，大客户参与到客户知识融合创新过程中，与制造商进行协同决策，能够提升创新水平，提高市场占有量和增加参与方的收益；与此同时，协同程度越高，创新水平、市场占有量和参与方获得的收益也越高。这给企业带来的启示是，对创新引领企业而言，利用大数据构建数字化知识融合创新平台，将下游的大客户、销售商/零售商纳入共同创新生态体系，从数据到知识再到创新，全程跨组织、跨流程协同，不仅于己有利，也对下游参与者有益；同样地，对下游销售商/零售商、大客户而言，参与到客户知识共同创新平台，与制造商协同创新，也有利于自身的利益增长。因此，在大数据环境下，构建以客户知识为中心的数字化创新平台和利益相关方参与的内部、外部知识融合创新生态系统，对促进数据—知识—创新流程中数据的互联互通、知识的共享融合、创新的转化实现具有重要作用。各参与方以数字化平台为基础，协调决策和利益关系，进行知识融合创新，有助于整个系统效益的提升。

研究结论"在知识创新的协同决策过程中，下游销售商/零售商、大客户选择哪种决策取决于制造商的批发定价临界值，如果制造商定价高于该价格，则下游销售商/零售商、大客户将不愿意参与高度协同，而选择中度协同；反之，如果制造商定价低于该价格，那么，下游销售商/零售商、大客户将会分配到更多的收益，这时，下游销售商/零售商、大客户更愿意选择高度协同"表明，在协同创新的过程中，存在一个收益分享临界值，这意味着知识协同并不是越多越好，而是有一个度，制造商需要把握这个度，设置合理的收益分配，来协调与下游销售商/零售商、大客户之间的数据互联互通、知识共享与协同创新关系。这也说明，在大数据环境下，虽然技术促进了数据、知识的互联互通，但也需要注意数据的安全、知识的保护，这样才能协调好各参与方之间的关系，保障知识融合创新的成功和收益的增长。

基于上述的理论分析，在实际应用中，供应链企业在大数据驱动的C2B供应链中加强利益相关者之间的协作和协同，能有效促进客户知识融合创新，促进供应链生态系统的成功，但还要将协调机制的设计具体化。因此，下面对协调机制设计的原则、协调策略及其实施方法、内容、系统方面进行探讨。

（1）协调机制设计原则。协调机制的设计是协调大数据驱动的C2B供应链中所有参与者的行为和利益，应促进和支持参与者之间的信息共享、知识协作、价值创造和创新。协调机制体系应具有适应性、动态性、鲁棒性和可扩展性。因此，协调机制的设计应遵循以下原则：①目标一致原则，协调机制应使供应链中所有利益相关者的利益和目标保持一致，协调好各参与成员之间的关系，形成协同合作的环境；②数据与知识共享原则，促进相关数据、信息和知识在各方之间的共享，实现有效的客户知识融合；③灵活性原则，该机制应足够灵活，可以适应业务环境的变化，并满足不同的协作需求；④互惠原则，确保参与知识整合创新过程的各方都从合作中受益，创造双赢或多赢的局面。

（2）协调策略。由本书前面的理论研究可知，大数据驱动的C2B供应链的协调策略需要定义和规范参与者行为和绩效的规则、标准，存在不同程度的协同，其实现需要通过各参与者之间根据协同的程度建立关系。这些关系既可以通过正式的契约建立，也可以通过非正式的关系建立（沈娜利，2018）。正式的契约表现为正式的协议或合同，明确了参与者的权利和义务，如价格、质量、数量、交货、付款等；关系策略则基于非正式规范或价值观协调参与者之间的互动和关系，如信任、承诺、互惠等。协调策略的实施过程中应平衡使用两种类型的策略，以实现参与者之间的互惠互利，系统整体利益优化。协调策略的主要包括：①数据共享政策，在保障数据安全和隐私的同时，建立在不同利益相关者之间共享客户数据和知识的指导方针，包括正式的协议、合同、规则、制度和非正式的互动、承诺等；②通信策略，定义通信渠道和协议，以促进无缝的信息交换和协作，包括正式的协议和非正式的合作；③决策方针，明确客户知识融合创新的决策流程，避免冲突，确保决策高效。与此同时，也需要考虑正式协议和非正式策略的平衡使用。

（3）协调方法。根据本书协调机制的研究，大数据驱动的C2B供应链的知识融合创新协调方法可分为集中式和分散式。集中式方法可由创新主导企业构建平台协调参与者的活动和决策。分散协调则是一种去中心化方法，可以考虑基于多个代理或节点，通过参与者自组织、协商或就相互合作和协调达成共识。例如，建立点对点网络、区块链或多代理系统。而在实际应用中，供应链企业需要将这两类方法结合起来运用，已协调各方效益和效率，以力争达到最优。在操作过程中，为保障协调机制的有效性，应采用多种形式：①数字化协作平台，实施数字协作平台，实现利益相关者之间的实时通信和数据共享；②跨职能、跨组织团队，由不同部门和机构的代表组成跨职能、跨组织团队，促进知识融合和创新；③定期会议，定期召开会议和研讨会，回顾进展，分享见解，解决知识融合过程中的各种问题。

（4）必要内容。为保障客户知识融合创新的协调机制的有效性，实施过程中还需要触达具体而有针对性的内容，必要的内容包括：①数据整合，协调整合各种来源的客户数据，建立全面、准确的知识库；②知识交流，促进不同参与者在特定领域的知识和专长的交流，以提高创新成果的质量；③资源分配，协调资源分配，包括资金、人力和技术，以支持客户的知识集成创新计划。

（5）具体的系统。要实施大数据驱动的客户知识融合创新协调机制，需要一定的技术系统支持，具体包括以下几个组成部分：①协作技术系统，集成协作技术工具和软件，支持利益相关者之间的无缝通信和数据共享；②绩效评价系统，建立绩效评价指标，评价协调机制的有效性，并确定需要改进的地方；③知识管理系统，实施高效的知识管理系统，执行客户数据的分析，客户知识的获取、存储和共享，并协助创新实现。

# 7.4　总体设计思路与实施策略

基于前面的理论研究和作用机制的分析，本节从总体上对大数据驱动的 C2B 供应链客户知识融合创新机制的设计思路和实施策略进行总结性分析。

## 7.4.1　设计思路

大数据驱动的 C2B 供应链客户知识融合创新机制总体设计思路应围绕创建一个以客户为中心，以数据驱动为利益相关者的协同合作生态系统，有效利用大数据及其技术推动客户知识的获取、共享、与企业内部知识的融合，从而推进整个 C2B 供应链的创新。因此，总体设计思路包括以下内容。

（1）以客户为中心。以客户为中心是指以满足客户的个性化、多样化和高品质的需求为出发点和落脚点，充分利用大数据技术获取客户大数据，并进行整合、挖掘和分析，提取诸如客户的需求、偏好、行为和价值相关知识，为供应链提供更精准、更有价值、更有创意的客户知识资源，以引导供应链的创新设计、生产和销售。

（2）以数据为驱动。以数据为驱动是指以大数据技术为核心竞争力，通过收集、整合、分析、利用各种类型、来源和形式的数据，为供应链提供更高效、更优质、更灵活的信息支持，进而实现供应链的智能化管理、优化决策和协同运作。

（3）以创新为导向。以创新为导向是指以提升供应链的创新能力和竞争力为目标，通过激励机制、协调策略、平台建设等手段促进供应链各方之间的知识共享、协作学习和协同创新，实现供应链的价值创造和价值共享。

## 7.4.2　实施策略

在前文研究的基础上，在实施策略方面，考虑从数据—知识—创新过程、销售/营销—生产制造—研发流程、客户—供应链跨组织三个维度展开。每个维度都在 C2B 客户知识融合创新中具有对应的融合创新模式、实施方法和步骤。下面，对不同维度下融合创新的模式、实施方法和步骤进行阐述，如表 7.1 所示。

**表 7.1                     不同维度下融合创新的模式、实施方法和步骤**

| 维度 | 融合创新模式 | 实施方法 | 实现步骤 |
|---|---|---|---|
| 数据—知识—创新过程 | 知识创造和管理：建立系统化方法以创建、捕获和管理从数据中获得的知识，将获得的知识与原有知识无缝融合，推动创新过程 | 建立数据收集和整合机制<br><br>数据分析与知识提取<br><br>知识共享与协作<br><br>创新实施<br><br>培养数据驱动文化 | （1）确定相关数据的来源，并从不同来源收集相关数据；<br>（2）将数据整合到统一平台进行分析，应用先进的分析技术提取有价值的客户知识，并确定潜在的创新领域或方向；<br>（3）建立知识库、知识共享平台，培育鼓励持续学习和知识交流的创新生态系统，促进相关利益者之间的知识共享，如鼓励员工和合作伙伴参与创新挑战、头脑风暴会议和协作创意平台等；<br>（4）促进跨部门合作以分享知识和产生创意；<br>（5）将内部、外部知识融合，并转化为具体的创新；<br>（6）培养组织内的数据驱动文化，鼓励在决策中使用数据，强调使用数据推动创新的重要性 |
| 销售/营销—生产制造—研发流程 | 以客户为中心的研发与制造：简化流程，采用以客户为中心的方法进行产品协作研发，敏捷制造，以支持客户知识融合创新 | 以客户为中心的产品开发<br><br>敏捷制造<br><br>协作研发（跨职能协作）<br><br>市场驱动决策<br><br>客户反馈循环 | （1）分析客户大数据，提取客户知识，确定创新机会；在产品设计和开发中利用客户知识创新产品，以满足特定的需求、偏好和"痛点"；<br>（2）实现敏捷制造过程，快速调整和定制，更快地制作原型。例如，采用知识模块化、技术模块化、部件模块化等，缩短新产品的上市时间；<br>（3）建立数字平台，用于安全地交换数据、知识和保障合作，促进客户、销售、市场、制造和研发团队之间的协作，促进无缝沟通和知识共享。组建跨部门（跨职能）团队，包括销售/市场、生产和研发代表等，开展创新项目，保障客户知识有效地集成到创新过程中；<br>（4）开展组织协作创新研讨会和多种活动；<br>（5）建立客户反馈循环，保持与客户的持续沟通；收集客户对现有产品的反馈，并利用它来推动迭代改进和识别新的创新机会 |
| 客户—供应链跨组织 | 构建数字化融合创新平台：促进各供应链利益相关方之间的合作与协作，实现知识融合创新 | 数字化协作平台<br><br>共创研讨会<br><br>开放式创新倡议<br><br>知识共享协议<br><br>跨组织激励机制和奖励制度 | （1）搭建数字平台，促进客户与供应商之间的安全数据交换和合作，如在线门户和云端系统，实现各方之间的实时数据、信息交流与知识共享；<br>（2）组织共创研讨会和活动，推动协作创新；<br>（3）推出开放式创新倡议，吸引外部利益相关方参与创新过程；<br>（4）建立知识共享协议，规范各方之间知识和知识权的共享；<br>（5）引入跨组织的激励机制和奖励制度，激励利益相关者积极参与创新过程和做出贡献 |

在大数据驱动 C2B 供应链中，围绕这三个维度实施相应的融合创新模式、方法和步骤，能够建立以客户为中心的协作环境，推动客户知识融合，增强供应链的创新能力，最终保持供应链及其融合创新成员的持续增加和竞争力提升。

为了进一步展示融合创新的实际运作流程和管理方法，下面，从项目管理的角度对知识融合创新作用实施策略进行补充分析，主要包括项目的计划、实施与管理、创新成果落地三个方面，如表 7.2 所示。

**表 7.2　　　　　　　　　　知识融合创新项目管理流程方法和步骤**

| 维度 | 流程方法 | 步骤 |
|------|---------|------|
| 项目计划 | 制订融合创新计划 | （1）明确定义融合创新的目标和范围；<br>（2）确定参与融合创新的团队成员；<br>（3）制定详细的时间表和里程碑，以保障项目按计划进行 |
| 项目实施与管理 | 进行融合创新项目实施 | （1）执行融合创新计划，按照里程碑完成项目各阶段任务；<br>（2）定期监控和评估项目的进展和效果；<br>（3）及时解决项目中的问题和风险 |
| 创新成果落地 | 推广和应用创新成果 | （1）确定创新成果的推广和应用计划；<br>（2）提供必要的培训和支持，以确保创新成果的顺利应用；<br>（3）跟踪应用效果并收集利益相关方的反馈 |

由表 7.2 可知，在前述数据—知识—创新过程、销售/营销—生产制造—研发流程、客户—供应链跨组织三个维度的作用机制的基础上，进一步细化了操作过程中的项目化方法和步骤，为大数据驱动的 C2B 供应链客户知识融合创新的实现，从项目管理角度提供了基本操作策略。

# 7.5　本章小结

本章针对驱动要素、影响因素、融合路径、激励机制与协调机制如何作用于大数据驱动的 C2B 供应链客户知识融合创新进行了内在逻辑关联分析和对策推演。

首先，驱动要素是作用机制的前提，在技术、政策、市场竞争与消费者四个要素的驱动下，供应链企业应积极响应政府政策，理解和使用好政策，采用大数据技术进行改造升级，建立以客户为中心的数字化创新平台，连通数据"孤岛"，创建知识共享空间，协同合作，以提高效率，赢得竞争优势，不断满足人们日益增长的美好生活需要。

其次，处理好供应链网络知识结构、节点之间的关系、路径、激励、协调、创新等方面的影响因素，是作用机制发挥作用的必要条件。大数据驱动的C2B供应链客户知识融合创新受诸多因素的影响，这启示企业进行管理时，要重视数据驱动决策，既要做好内部的知识管理，跨流程、跨职能的管理，也应充分利用外部资源，积极获取、分析、利用客户大数据及其知识，与内容知识、能力融合，提高创新的效果和效率。

进一步地，从数据—知识—创新过程、销售/营销—生产制造—研发流程、客户—供应链跨组织三个维度讨论了大数据驱动的C2B供应链客户知识融合创新的作用路径。

再次，激励机制与协调机制引导企业统一目标，遵循共同愿景，互利互惠，协同合作，构建以客户为中心的创新生态体系。在这个过程中，激励机制的设计要遵循共赢、公平、有效和灵活的原则，激励策略要考虑内部激励和外部激励、物质激励和精神激励、长期激励和短期激励的平衡使用。协调机制应遵循目标一致、数据和知识共享、灵活互惠的原则，协调策略则要考虑正式契约与非契约的关系协调的平衡使用，采用数字化协作平台、定期会议、跨职能、跨组织团队等协调方法构建技术系统、绩效评价系统、知识管理等系统构建和谐统一、互利共赢的客户知识协同创新生态。

最后，提出以客户为中心、以数据为驱动、以创新为导向的大数据驱动的C2B供应链客户知识融合创新机制总体设计思路，并提出从数据—知识—创新过程、销售/营销—生产制造—研发流程、客户—供应链跨组织三个维度融合的实施策略，包括三维融合的创新模式、实施方法和实现步骤。

# 第8章

# 大数据驱动的 C2B 供应链客户知识融合创新机制研究的意义与政策启示

　　数字经济的发展加速了供应链变革，供应链下游客户的个性化、多样化需求使上游制造端以生产力需求为起点的传统的供应模式变为以客户端价值需求为出发点的新模式（李杰，2015）。数据是数字经济最重要的生产要素，显然，在供应链中，客户数据已经成为 C2B 供应链中最重要的生产要素。客户数据在供应链网络连接的路径中流动，围绕产品的研发设计、生产制造、销售和服务，不断创造价值。然而，在这个过程中，由于数据本身的来源多样化、异质性、高速率等特点，以及各供应链内成员之间相互独立的流程、难以融合的利益诉求，形成数据"孤岛"，企业合作意愿受阻，创新效益受限。针对这一问题，本书从供应链知识管理的视角出发，开展了对大数据驱动的 C2B 供应链客户知识融合创新机制的研究，探索性提出了连通数据"孤岛"和打破利益割据局面的解决对策。这些研究既有管理理论层面的探究，也有实践层面的剖析。因此，本章对大数据驱动的 C2B 供应链客户知识融合创新机制研究的意义、政策启示和未来展望进行分析和阐述。

## 8.1 大数据驱动的 C2B 供应链客户知识
## 融合创新：促进数实深度融合

党的十九大、二十大均指明了要促进数实融合，2020 年国务院印发的《数字经济发展战略》、2021 年印发的《"十四五"数字经济发展规划》也都强调了要以数据为核心，进行融合创新、开放创新；工信部印发的《"十四五"大数据产业发展规划》提出"以释放数据要素价值为导向，围绕夯实产业发展基础、构建稳定高效产业链的目标任务"。2023 年 12 月，国家数据局发布《"数据要素×"三年行动计划（2024—2026 年）（征求意见稿）》指出，推动数据要素价值创造的新业态成为经济增长的新动力，数据赋能经济提质增效作用更加凸显，成为高质量发展的重要驱动力量。由此可见，推动大数据驱动的 C2B 供应链客户知识融合创新将供应链数字化与产品创新融合起来，是实现"加快发展数字经济，促进数字经济和实体经济深度融合目标战略"的需要。

中国信息通信研究院 2023 年的《中国数字经济发展》报告显示，2022 年，我国数字经济规模达到 50.2 万亿元，占 GDP 的 41.5%，相当于第二产业占国民经济的比重；融合应用持续深化；数字平台迅速兴起，目前，有影响力的工业互联网平台达到 240 余家，这些平台促进了产品的全流程、生产各环节、供应链上下游的数据互通、资源协同。然而，这 240 多家工业互联网平台大多致力于生产、制造、研发过程的数据管理、云计算、物联网、大数据技术服务等，针对知识共享、客户数据和知识的数字化平台相对较少，还处于探索的发展阶段。这可能导致的一个结果是企业内部的技术知识、专业知识会迅速积累，而客户知识相对匮乏，或共享不足。因此，本书从大数据驱动出发，以客户数据为缘起，致力于 C2B 供应链客户知识融合创新的驱动要素、影响因素、融合路径、激励与协调机制的研究。其中，在知识融合创新研究的过程中，主要以产品的创新为标的，将数字化与产品实体密切关联，力求探索供应链创新环节中数字经济与实体经济深度融合的内在机制。

数据是数字经济的关键生产要素，客户数据是 C2B 供应链知识融合创新的关键缘起，供应链创新领导者通过建立数字化平台，跨流程、跨组织，将客户大数据通过获取、整合、挖掘和分析获得客户知识，并将这些客户知识与内部技术、专业知识融合，最终实现产品创新。这构成大数据驱动下客户知识融合创新的路径。以往的客户知识创新的文献主要关注客户知识对产品创新的绩效（Cui &

Wu，2016）、供应链企业间的知识共享与学习（张旭梅等，2012；沈娜利等，2014），或不同客户知识对创新的影响（Taghizadeh et al.，2018）等，本书一方面关注了大数据驱动，如大数据投资（包括大数据设施、技术投资、人才培养等）、大数据的获取与分析；另一方面，关注了创新过程中客户知识如何融合实现创新。区别于传统客户知识创新研究，大数据驱动的客户知识融合创新研究揭示了数字经济环境下大数据驱动的客户知识融合创新路径的新特征、新思路。

在数字经济时代，实现实体产品的创新，依赖传统的直觉经验和局部数据进行决策往往难以在效率和精准性方面取得良好的效果。而利用大数据驱动，获取更加全面的数据，分析多方面的关联性，往往能快速而准确地获取创新相关的重要信息。本书对客户大数据的来源、流通渠道、在供应链中的分布和特征、在创新流程中的作用等进行了剖析，揭示了大数据驱动下，从数据—知识—创新的客户知识融合过程，及其在供应链研发设计—生产制造—销售/营销包括售后等流程中的基本状况。这将客户大数据、供应链内的其他大数据与供应链运作联结起来，促进数字化与实体产品从研发设计到销售售后紧密结合，从知识管理和运作流程方面推进数字经济与实体经济的融合。

大数据时代的数据资源比过去任何一个时代都要丰富，这些数据也普遍客观存在，但并不是有了数据就会促进创新，也不是所有数据都一定能推进创新，符合市场需求的创新遵循一定的知识融合路径。首先，数据的相关性，并非所有数据都与特定的创新相关。数据需要情景化，并与具体问题或机会保持一致。如果数据不能提供有价值的知识或与创新目标无关，那么它可能对创新过程没有贡献。因此，要创新符合市场需求的产品，需要获取与产品创新目标相关的客户数据、关联技术数据、专业数据，并从中提取知识，进而融合知识，产生创新。其次，数据的质量，数据的质量意味着数据是否准确、可靠，可用程度有多大，因为不准确的数据可能会导致不正确的结论，阻碍创新。因此，企业需要从大数据中提取准确、可靠的信息和知识，以保持创新的顺利进行。如何获取、分析相关性强的数据，如何保障数据的质量，如何从这些数据中获得相关性和质量较高的客户知识，如何将客户知识转化为产品创新？针对这些问题，本书从客户知识融合路径的角度进行了研究。首先，获取相关性和质量较高的数据，要有基础设施的投入，技术人员、分析人员的引进和培养，要有企业外部、内部获取渠道，持续实时数据的获取能力；其次，针对获取的大量数据，数据整合分析能力、知识获取能力、共享与学习、转化创新的能力至关重要。因此，研究以这些基础条件、能力为参考，研究了以大数据投资、大数据获取与分析、客户知识协同、内部学习与知识共享、产品创新为主要变量的知识融合路径结构方程模型，研究结论表明，大数据驱动的 C2B 供应链客户知识融合创新过程中，大数据投资对大数据的获取与分析具有重要作用；而大数据的获取与分析对客户知识的获取与共享作用显著，同时也促进了企业内部的知识学习与共享；只有来自外部的客户知识与内部技术、专业知识融合才能产生符合市场需求的创新。这一结论说明，在供应链中，作为产品创新领导者的制造商需要构建或者通过数字化平台，将客户数据、内部数据联通起来，将外部的客户知识与内部的技术和专业知识融合起来，进行有效创新。这个过程也是一个利用数字化内容、技术和工具创新实体产品的过程。

客户数据驱动创新需要利用数字化技术、平台和内容，但有了这些也并不一定就会产生高效的创新，此外，还需要解决合作者之间的协同关系问题。例如，销售商/零售商是否愿意与制造商实行数据互联互通，在协同创新的过程中是否愿意共享知识？是否愿意付出努力？愿意实行多大程度的协同？面对这些问题，作为创新领导者的供应链核心企业，如制造商，则需要设计合理的激励机制和协调机制来推进数据互联互通、知识共享与协同创新。本书指出，面对众多电子零售商的情况，制造商一方面要激励通过收益分享机制激励零售商参与数据、知识的分享，另一方面也要设定一个阈值，挑选优质的协同创新合作者，进行长期的高质量的合作。在关系协调方面，制造商也可以设计多种不同程度的协同机制，以便不同的下游客户知识优势方选择不同的参与方式，在不同程度上参与创新过程，进而做出贡献。激励机制和协调机制的设计，解决客户数据互联互通、客户知识分享与创新协同程度等问题，将供应链知识网络中的利益相关方团结在一起，为共同的目标和利益贡献力量，这也展现了数字经济与供应链各实体之间跨组织层面的深度融合。

总而言之，本书从供应链客户知识管理角度出发，基于知识、流程和组织三个维度，对客户大数据本身的特征、分布和作用，跨流程融合框架、知识融合创新路径、激励与协调机制等方面的研究，响应了"加快发展数字经济，促进数字经济和实体经济深度融合""创新是第一动力"的战略目标需要。

## 8.2 大数据驱动的 C2B 供应链客户知识融合创新对企业管理实践的建议

在互联网大数据环境下，一方面，客户个性化、多样化需求增加，大量客户大数据产生，但未得到有效应用；另一方面，大量传统企业不清楚如何利用客户大数据驱动供应链创新。因此，本书提出大数据驱动的 C2B 供应链客户知识融合创新机制，有助于传统生产制造业实现按需设计、以需定产、精准营销，从客户到供应链再到客户的闭环持续优化创新，打造"智能制造"供应链生态体系，并为农业供应链、服务供应链的大数据驱动型创新提供拓展参考。

## 8.2.1  连通数据"孤岛"，构建以客户为中心的创新平台

客户大数据主要在供应链下游产生，来源渠道多样（如电商平台、社交媒体、电子邮件等），形式多样（如数字、文字、图片、视频、音频等），且可以持续、实时产生。因此，往往呈现碎片化、低质量（多噪声）、高速率和价值可挖掘性（隐藏性）等特点。与此同时，因为客户面临互联网众多表达平台，其数据也会在从属于不同主体（如零售商、销售商、平台网站、制造商的销售部门、售后服务部门等）的网站、网页、移动 App 等地方产生，客户数据往往以分散的方式存储在这些主体的设备上，这增加了收集全面客户数据的难度，需要进一步整合。从供应链的角度来看，客户知识分布在供应链各个环节、不同流程，分属于不同的供应链内节点主体，如果要利用客户大数据进行创新，首先要考虑的就是连通数据"孤岛"。其次，为满足客户个性化、多样化和服务速度的需求，整个大数据驱动的创新过程都需要以客户为中心，围绕客户价值全流程进行创新。基于本书对客户大数据、知识的特点及其在供应链内的分布、特征和作用、流程融合框架等的分析，可以得出管理启示：连通数据"孤岛"，构建以客户为中心的创新平台。

## 8.2.2  内、外知识融合，嵌入知识共享与学习社区

从客户大数据析出的有关客户的需求、偏好、行为、模式、趋势等为产品创新提供了领域和方向，但由于大多数供应链下游的客户并不具有能够直接创新产品的技术、专业知识和能力。因此，客户知识并不能直接创新产品，而是需要经过与制造企业内部的技术知识、专业知识融合的路径，如此才能最终转化为产品创新。因此，供应链制造企业要在构建创新平台时，除了获取、分析客户大数据，获得客户知识外，还需要对应分析产品功能、使用过程数据，生产制造数据，并将二者进行融合，从而产生新知识，推进创新。客户大数据驱动的产品创

新，并不是单个组织或单个部门完成的。在以制造商为主导的客户知识融合创新的过程中，客户或下游销售商、零售商、第三方等通过创新平台共享数据、分享知识，而将这些知识变为创意，不仅是跨组织的共享，还需要企业内部跨职能、跨部门的知识共享和学习。为了更好地促进创新，制造商可以考虑在以客户为中心的创新平台嵌入知识共享与学习社区，以进一步推进企业外部客户知识与内部技术、专业知识的融合。但需要注意的是，对关键知识应考虑数据隐私、安全和知识的保护。

### 8.2.3 跨组织激励与协调，共建互惠协作创新生态

客户大数据及其知识获取渠道多样、所属主体多元，且各主体的利益、目标等存在不一致，这就需要跨组织的激励与协调，构建互惠协作的创新生态系统。要推进协同合作创新成功，并不是建立了一个数字化创新平台就可以了，还需要激励和协调参与者之间的关系，因为这影响数据的质量、价值，知识共享的效果，最终影响创新的效益和效率。基于客户大数据和知识本身在获取、分析和共享中的独特性，以及创新过程中客户知识的内、外部高融合性要求，参与者比以往传统的供应链企业之间的协作创新更加复杂，且存在各自的利益诉求。所以，在设计以客户为中心的创新平台时，企业也要与供应链合作伙伴建立良好的关系。例如，通过利益分享契约、政策、标准、协议等建立战略合作关系；通过组建协作网络，建立共同愿景、目标、价值观、文化、信任；通过建立便捷沟通渠道、学习社区或平台等加强各客户知识融合创新参与者之间的互惠互利、和谐共进的关系；并设置灵活的协同机制，允许成员根据自身的情况，选择不同程度的协同层次参与创新过程。

# 8.3 政 策 启 示

国家发布的一系列政策推进数字经济发展表明，用好数据，发展数据要素市场，帮助供应链及企业利用大数据，提高供给质量，服务消费升级和推进国内大循环，是我国经济发展战略目标的要求。因此，从大数据驱动的C2B供应链客户知识融合创新视角出发，本书试图提出一些政策启示。

## 8.3.1  引导制造企业在大数据驱动创新过程中重视客户大数据的作用

互联网信息技术、大数据技术及人工智能的发展使生产力进一步提升，企业生产制造过程和商业活动比以往更加复杂和更具动态性，这已经超出了仅依靠人脑加以分析和优化的能力。因此，需要依靠数字化、智能化技术代替人进行巨量数据的分析、复杂流程的管理和决策过程的优化、行动的快速执行。基于此，制造业面临的问题是以智能化为基础的工业价值创造变革，以满足终端客户的个性化、多样化、高质量需求为目的的生产技术、复杂流程的管理、巨量数据的分析、决策过程的优化和行动的快速执行。我国大力发展数字化经济，推进工业数字化转型，工业互联网建设取得初步成效。中国信息通信研究院《中国数字经济发展报告(2023)》显示，有影响力的工业互联网平台已达到240多个，有力地促进了产品全流程、生产各关节、供应链上下游数据互通、资源协同。这些工业互联网平台的建设推进了大数据在产业链、供应链的互联互通，但还存在认可度不高、覆盖面不广、带动力不强的问题，除了协议、标准、系统不一致等问题，还被忽略的一个问题是大多数工业互联网平台虽然将供应链上游、下游整合在一起，但大多以生产制造、智能工厂为中心，缺乏对客户价值导向的足够重视。因此，在具体的创新实施过程中也未强调客户大数据的驱动作用，客户知识与制造企业内部的技术、专业知识的有导向有意识地融合创新，因此给企业带来市场不确定性风险、投资失败等风险。因此，在制造企业创新过程中，要以客户价值为导向，推进C2B制造，重视客户大数据的获取、分析、融合和利用，推进客户价值导向、市场需求导向的创新。因此，有必要从政策层面引导制造企业在大数据驱动创新过程中重视客户大数据的作用。

## 8.3.2  鼓励产业链供应链核心企业构建以客户为中心的数字化创新平台

要满足人们日益增长的美好生活需要、协调不平衡不充分的发展，就要要求生产制造企业在创新过程中以满足客户的个性化、多样化、高质量、快速度的需求为目标，以客户创造价值为导向，这就需要建立以客户为中心的供应链创新模式，高效整合资源和要素。产业链、供应链有条件有能力的核心企业构建以客户为中心的数字化创新平台有助于实现这一目标。

客户大数据赋能数字化创新平台。通过数字化创新平台，进行客户大数据的收集、分析、共享和应用，促进客户知识融合创新，不断优化产品的设计、开发、生产制造、交付，实现企业与客户之间的深度合作和共同创造。传统的研发、制造是以企业内部技术为核心的刚性研发、制造，而客户大数据赋能的研发、制造则转变为共同创新、柔性制造。面对客户定制化需求，依靠以智能分析为核心的技术解决设计更加灵活、流程更加复杂、数据更加庞大等问题，实现决策更加优化，行动执行更加快速，创新更加高效，客户更加满意的效果。例如，海尔的 COSMO 平台以用户为中心，根据客户的个性化、多样化、动态化需求，定制产品或服务，或允许用户全流程参与产品设计、生产和定价。

反向思考，从客户端寻找价值和潜在需求，构建以客户为中心的数字化创新平台。制造商重视技术，销售端重视销售，客户端重视产品给生活带来的价值。产品创新、产业升级的重心被认为是技术的突破或引进，但是，一切技术或产品都仅是手段，其最核心的目的都是满足使用者对价值的需要。因此，需要加强对为客户创造价值的重视。以客户为中心的创新重视对客户获得使用价值的创造和满足，数字化创新平台应该从客户大数据中挖掘出与客户需求相关的模式、行为趋势、规律等，再将这些客户知识与技术知识匹配、融合，产生新的价值创造。以客户价值为导向，构建以客户为中心的数字化创新平台，推动客户大数据在产品研发设计、生产制造、营销/销售、售后服务供应链全流程各环节的应用，是满足客户的个性化、多样化、动态化需求的重要路径。因此，有必要鼓励产业链或供应链核心企业构建以客户为中心的数字化创新平台。

### 8.3.3 优化产业链、供应链激励协调机制，构建互惠协作创新生态

数字经济时代，数据是重要的生产要素，在满足客户价值和需求的导向下，客户大数据驱动创新，以客户为中心的数字化创新平台在信息技术层面将产业链或供应链上的数据"孤岛"连通起来，将相互独立的流程统一到一个目标框架下，并试图以低成本、高效率为不同需求方提供相应的功能和服务。这在技术系统层面使产业链或供应链各节点、各环节可以进行创新协同。然而，这些节点成员的目标与利益往往存在不一致的地方，存在相互冲突与矛盾之处，且这些问题难以仅通过信息技术来解决，客户大数据作为一种生产要素也难以单独发挥作用，还需要恰当的管理手段，并将不同利益主体关联起来，建立统一的目标，协调相互之间的利益关

系，协同利用数据这个生产要素实现创新。

优化产业链、供应链激励协调机制，构建互惠协作创新生态，建立统一目标、共同愿景，协同合作实现创新。产业链、供应链内建立创新联盟或长期合作伙伴关系，实施收益分享、风险共担机制，保障内部协作的公平与效率。例如，构建内部数据或知识市场，让客户数据、知识、其他相关数据和知识要素能够被确权、定价、交易流通，让各主体依靠自己的数据或知识共享获得相应的收益；设置基于绩效的激励，对协作努力、知识共享和创新成果，予以认可并奖励个人、团队、组织对协作生态做出的共享；以项目的形式制订协作研发计划，让各参与者汇集他们的资源、专业知识和技术来应对复杂的挑战并提出创新的解决方案；嵌入开放式创新平台或开源社区，让各利益相关者能够相互联系、分享想法、跨界互动和知识交流，并进行创新协作等。通过这些激励与协调机制，将各参与者关联起来，构建一个互惠互利、知识融合、共同解决问题、共享价值创造成果的协作创新生态系统，以利用集体的优势和资源来推动创新，提高竞争力和保持可持续增长。

# 8.4 研究展望

本书从供应链知识管理的角度出发，对大数据驱动的 C2B 供应链客户知识融合创新的驱动要素、影响因素、知识融合路径、激励与协调机制进行了研究，并取得了一定的成果，但因数字经济的快速发展，数据生产要素本身还有许多问题有待探索，大数据驱动的客户知识融合创新仍然是一项需要不断深入研究的课题。因此，还存在不足和有待进一步研究的地方。

本书探讨了大数据如何赋能供应链客户知识管理和创新，但主要是以制造业供应链为主要研究对象，不同供应链，例如农业、服务业、医药卫生等行业的供应链与工业制造业存在差异。因此，进一步的研究可以扩展到其他行业领域，挖掘独特领域的特点和创新规律。

本书主要采用了结构方程模型和委托代理论、博弈论等方法对大数据驱动的供应链客户知识融合路径、融合创新过程中的激励与协调机制进行了偏理论层面的研究，进一步的研究将调研大量案例，通过案例研究来验证理论。

在大数据驱动的 C2B 供应链客户知识融合路径研究方面，从大数据驱动与客户知识融合角度选择了最主要的几个关键变量进行研究，下一步的研究可以根据不同的研究情境拓展变量，如人工智能技术的影响、政府政策变量的影响等做进一步研究。

在激励与协调机制方面的研究，也可以考虑更多参与方加入博弈的情形，进一步拓展多主体博弈对供应链客户知识融合创新绩效的影响。

# 参 考 文 献

［1］蔡景钟．S2B 一个本质就是 C2B，都是从消费者出发［Z］．亿欧网，2017 - 09 - 04，https：//www. iyiou. com/analysis/2017090454429.

［2］曹磊．C2B 模式将成为电商供应链整合趋势之一［Z］．网经社，2016，http：//www. 100ec. cn/detail - - 6368749. html.

［3］陈菊红，王能民，杨彤．供应链中的知识管理［J］．科研管理，2002，23（1）：98 - 102.

［4］陈军君，吴红星，张晓波，等．中国大数据应用发展报告［M］．北京：社会科学文献出版社，2017.

［5］陈军君，吴红星，张晓波，等．中国大数据应用发展报告［M］．北京：社会科学文献出版社，2019.

［6］陈军君，吴红星，张晓波，等．中国大数据应用发展报告［M］．北京：社会科学文献出版社，2021.

［7］陈树桢，熊中楷，李根道，等．考虑创新补偿的双渠道供应链协调机制研究［J］．管理工程学报，2011，25（2）：45 - 52.

［8］陈伟，张旭梅，宋寒．供应链企业间知识交易的关系契约机制：基于合作创新的研究视角［J］．科研管理，2015，36（7）：38 - 48.

［9］戴国良．C2B 电子商务的概念、商业模型与演进路径［J］．商业时代，2013，22（17）：53 - 54.

［10］戴建平，骆温平．流程协同下供应链价值创造研究——基于物流企业与供应链成员多边合作的视角［J］．技术经济与管理研究，2017，29（2）：3 - 7.

［11］但斌，郑开维，刘墨林，等．基于社群经济的"互联网 +"生鲜农产品供应链 C2B 商业模式研究［J］．商业经济与管理，2016，36（8）：16 - 23.

［12］但斌，郑开维，吴胜男，等．"互联网 +"生鲜农产品供应链 C2B 商业模式的实现路径——基于拼好货的案例研究［J］．经济与管理研究，2018，30

（2）：65－78.

[13] 丁志慧，刘伟．新产品开发中创新社区客户知识管理研究 [J]．科技进步与对策，2016，33（7）：133－138.

[14] 杜勇，曹磊，谭畅．平台化如何助力制造企业跨越转型升级的数字鸿沟？——基于宗申集团的探索性案例研究 [J]．管理世界，2022，38（6）：117－139.

[15] 冯芷艳，郭迅华，曾大军，等．大数据背景下商务管理研究若干前沿课题 [J]．管理科学学报，2013，16（1）：1－9.

[16] 高红冰．商业模式将从 B2C 转为 C2B [Z]．中国经济网，《经济日报》，2014－12－04，http：//views. ce. cn/view/ent/201412/24/t20141224_4190165. shtml.

[17] 何勇，赵林度，何炬，等．供应链协同创新管理模式研究 [J]．管理科学，2007，20（5）：9－13.

[18] 黄亦潇，邵培基．客户知识获取的理论与应用研究 [D]．电子科技大学，2006.

[19] 计国君，余木红，Hua Tan，等．大数据驱动下的全渠道供应链服务创新决策框架 [J]．商业研究，2016，54（8）：152－162.

[20] 焦媛媛，米捷，胡琴．基于系统动力学的物联网创新网络发展 [J]．中国科技论坛，2021，31（10）：57－62.

[21] 李东，王民，陆亚娟．基于知识转移的客户关系管理（CRM）[J]．管理世界，2008，24（3）：183－184.

[22] 李国刚，宫小平．大数据信息对二级供应链利润的影响与协调研究 [J]．统计与信息论坛，2018，33（4）：32－39.

[23] 李健，李琳琳，史浩．考虑消费者有限理性退货决策的两阶段 C2B 电子商务供应链回购策略优化研究 [J]．运筹与管理，2017，26（12）：53－60.

[24] 李健，王博，史浩．考虑消费者退货决策的两阶段电子商务供应链制造商回购策略 [J]．计算机集成制造系统，2015，21（4）：1089－1100.

[25] 李杰，工业大数据：工业 4.0 时代的工业转型与价值创造 [M]．邱柏华，等译．北京：机械工业出版社，2015.

[26] 李随成，孟书魁，谷珊珊．供应商参与新产品开发对制造企业技术创新能力的影响研究 [J]．研究与发展管理，2009，21（5）：1－10.

[27] 李志远，王雪方．组织学习与客户知识管理能力的关系研究——关系嵌入的调节 [J]．科学学与科学技术管理，2015，36（3）：152－162.

［28］刘益，刘婷，薛佳奇．制造商控制机制的使用与零售商知识转移——渠道关系持续时间的影响［J］．科研管理，2008，29（2）：67－74．

［29］马婧，吴清烈．面向C2B个性化定制的智能推荐算法研究［J］．工业工程，2018，21（5）：91－96．

［30］孟炯．大数据赋能的C2B民主制造机制创新［J］．科学学研究，2021，39（4）：725－737．

［31］孟秀丽，吴艾婧，杨静．考虑消费者质量感知水平的网购供应链均衡模型研究［J］．工业工程与管理，2020，25（1）：161－170．

［32］娜达·R.桑德斯（Nada R. Sanders）．大数据供应链［M］．北京：中国人民大学出版社，2015．

［33］潘文安．关系强度、知识整合能力与供应链知识效率转移研究［J］．科研管理，2012，33（1）：147－153．

［34］彭家敏，谢礼珊．服务型企业一线员工顾客需求知识研究［M］．北京：清华大学出版社，2015．

［35］钱丽萍，喻子达．新产品开发创意新源泉——来自海尔的案例分析［J］．管理工程学报，2009，23（2）：32－36．

［36］钱丽萍，刘益，喻子达，等．制造商影响战略的使用与零售商的知识转移：渠道关系持续时间的调节影响［J］．管理世界，2010（2）：93－105．

［37］人民资讯．上汽大通C2B智能定制再进阶．推动汽车私人定制"全民化"［Z］．2021－01－08，https：//baijiahao. baidu. com/s?id = 16882876961011 11769&wfr = spider&for = pc．

［38］沈娜利，沈如逸，肖剑，等．大数据环境下供应链客户知识共享激励机制研究［J］．统计与决策，2018，34（10）：36－41．

［39］沈娜利．供应链环境下客户知识协同获取激励机制研究［D］．重庆大学，2011．

［40］沈娜利．大数据环境下供应链企业间客户知识共享及激励研究［M］．北京：经济科学出版社，2018．

［41］孙立缘，罗建强，杨慧．面向价值共创的服务衍生供需决策优化研究［J］．中国管理科学，2019，36（9）：160－168．

［42］唐国锋，邵兵家，但斌，等．服务质量不可观测下的云外包激励机制［J］．系统管理学报，2017，26（5）：926－932．

［43］万骁乐，孟庆春．开放式创新驱动的供应链期权价值共创及分配机制［J］．学习与实践，2017（5）：17－26．

[44] 汪丁丁. 知识沿时间和空间的互补性以及相关经济学 [J]. 经济研究, 1997, 43 (6): 70 - 78.

[45] 王辉, 张慧颖, 吴红翠. 供应链间关系质量对知识吸收能力和企业合作创新绩效的影响研究 [J]. 统计与信息论坛, 2012, 27 (11): 99 - 105.

[46] 王清晓. 契约与关系共同治理的供应链知识协同机制 [J]. 科学学研究, 2016, 34 (10): 1532 - 1540.

[47] 王小娟, 万映红. 客户知识管理过程对服务产品开发绩效的作用——基于协同能力视角的案例研究 [J]. 科学学研究, 2015, 33 (2): 8.

[48] 王小娟, 万映红. 企业协同能力、客户知识管理过程与服务产品开发绩效的关系研究 [J]. 软科学, 2017, 31 (5): 99 - 102.

[49] 王亚娟, 张钰, 刘益. 企业间技术耦合和关系耦合——知识获取效率对供应商创新的中介作用研究 [J]. 科学学研究, 2014, 32 (1): 103 - 113.

[50] 王阳, 温忠麟, 李伟, 等. 新世纪20年国内结构方程模型方法研究与模型发展 [J]. 心理科学进展, 2022, 30 (8): 19.

[51] 王永贵. 顾客创新论 [M]. 北京: 中国经济出版社, 2011.

[52] 维克托·迈尔 - 神恩伯格, 肯尼思·库克耶. 大数据时代——生活、工作与思维的大变革 [M]. 杭州: 浙江人民出版社, 2013.

[53] 温忠麟, 刘红云, 侯杰泰. 调节效应和中介效应分析 [M]. 北京: 教育科学出版社, 2012.

[54] 吴冰, 刘义理, 赵林度. 供应链协同知识创新的激励设计 [J]. 科学学与科学技术管理, 2008, 29 (7): 120 - 124.

[55] 吴冰, 刘仲英, 赵林度. 供应商知识融合创新的定价策略研究 [J]. 中国管理科学, 2008, 16 (2): 91 - 96.

[56] 肖迪, 侯书勤. C2B情景下基于承诺契约的供应链产能协调机制 [J]. 中国管理科学, 2017, 25 (4): 86 - 94.

[57] 肖静华, 胡杨颂, 吴瑶. 成长品: 数据驱动的企业与用户互动创新案例研究 [J]. 管理世界, 2020, 36 (3): 183 - 205.

[58] 谢礼珊, 关新华, 朱翊敏. 服务导向和顾客价值共创对一线员工顾客需求知识的影响——互动导向的跨层次调节作用 [J]. 营销科学学报, 2015, 1 (1): 85 - 100.

[59] 徐国虎, 田萌. 考虑组织情境中介的企业大数据系统投资意愿研究 [J]. 宏观经济研究, 2018, 9 (9): 50 - 63.

[60] 杨浩雄, 孙丽君, 孙红霞, 等. 服务合作双渠道供应链中的价格和服

务策略 [J]. 管理评论, 2017, 29 (5): 183 – 191.

[61] 杨晓刚, 姜毅, 潘旭伟, 等. 社会化媒体环境下科研人员知识交流与共享平台的研究 [J]. 情报科学, 2018, 36 (5): 24 – 29.

[62] 姚家万, 高式英, 欧阳友权. 创意产业集群内企业知识共享决策研究 [J]. 重庆大学学报 (社会科学版), 2014, 20 (6): 70 – 75.

[63] 于涤, 樊治平. 面向供应链的客户知识管理研究 [D]. 东北大学, 2005.

[64] 俞志烨. 大数据下的投资决策 [J]. 社会科学, 2015, 36 (9): 58 – 59.

[65] 张旭梅, 陈伟, 张映秀. 供应链企业间知识共享影响因素的实证研究 [J]. 管理学报, 2009, 6 (10): 132 – 135.

[66] 张旭梅, 陈伟. 供应链企业间知识共享的市场机制 [M]. 北京: 科学出版社, 2012.

[67] 张旭梅, 朱庆. 国外供应链知识管理研究综述 [J]. 研究与发展管理, 2007, 19 (1): 34 – 41.

[68] 张雪梅. 供应链环境中满足顾客差异化需求的产品设计策略 [D]. 中国科学技术大学, 2011.

[69] 周茂森, 张庆宇. 竞争环境下考虑供应链透明度的大数据投资决策 [J]. 系统工程理论与实践, 2018, 38 (12): 17 – 30.

[70] 周翔, 叶文平, 李新春. 数智化知识编排与组织动态能力演化——基于小米科技的案例研究 [J]. 管理世界, 2023, 39 (1): 138 – 156.

[71] 朱镇, 张伟. IT 能力如何提高供应链的竞争优势: 整合与敏捷协调视角的研究 [J]. 中国管理科学, 2014, 22 (S1): 604 – 609.

[72] 邹农基, 冯俊文. 客户知识的关键维度及其管理过程 [J]. 技术经济, 2006, 25 (11): 83 – 88.

[73] Ado A., Su Z., Wanjiru R. Learning and knowledge transfer in Africa – China JVs: Interplay between informalitics, culture, and social capital [J]. *Journal of International Management*, 2017, 23 (2): 166 – 179.

[74] Akerlof G. A. The market for "lemons": Quality uncertainty and the market mechanism [J]. *The Quarterly Journal of Economics*, 1970, 84 (3): 488 – 500.

[75] Akintove A., McIntosh G., Fitzgerald E. A survey of supply chain collaboration and management in the UK construction industry [J]. *European Journal of Pur-*

*chasing & Supply Management*, 2000, 6 (3 –4): 159 –168.

[76] Alavi M. , Leidner D. Knowledge management systems: issues, challenges, and benefits [J]. *Communications of the Association for Information Systems*, 1999, 1 (2): 1 –37.

[77] Alegre J. , Sengupta K. , Lapiedra R. Knowledge management and innovation performance in a high-tech SMEs industry [J]. *International Small Business Journal: Researching Entrepreneurship*, 2013, 31 (4): 454 –470.

[78] Arias – Pérez J. , Coronado – Medina A. , Perdomo – Charry G. Big data analytics capability as a mediator in the impact of open innovation on firm performance [J]. *Journal of Strategy and Management*, 2022, 15 (1): 1 –15.

[79] Büchel B. , Raub S. Building knowledge-creating value networks [J]. *European Management Journal*, 2002, 20 (6): 587 –596.

[80] Baihaqi I. , Sohal A. S. The impact of information sharing in supply chains on organizational performance: An empirical study [J]. *Production Planning & Control*, 2013, 24 (8 –9): 743 –758.

[81] Bandura A. Self – Efficacy: Toward a Unifying Theory of Behavioral Change [J]. *Psychological Review*, 1977, 84 (2): 191 –215.

[82] Barton D. , Court D. Making advanced analytics work for you [J]. *Harvard Business Review*, 2012, 90 (10): 78 –83.

[83] Bell D. G. , Giordano R. , Putz P. Inter-firm sharing of process knowledge: exploring knowledge markets [J]. *Knowledge & Process Management*, 2002, 9 (1): 12 –22.

[84] Bentler P. M. , Bonett D. G. Significance tests and goodness of fit in the analysis of covariance structures [J]. *Psychological Bulletin*, 1980, 88 (3): 588 –606.

[85] Bharati P, Chaudhury A. Assimilation of big data innovation: Investigating the roles of IT, social media, and relational capital [J]. *Information Systems Frontiers*, 2019 (21): 1357 –1368.

[86] Bhatti S. H. , Hussain W. M. H. W. , Khan J. , et al. Exploring data-driven innovation: What's missing in the relationship between big data analytics capabilities and supply chain innovation? [J]. *Annals of Operations Research*, 2022: 1 –26.

[87] Blau P. M. Exchange and power in social life [M]. Wiley, 1964.

[88] Blosch M. Customer knowledge [J]. *Knowledge and Process Management*, 2000, 7 (4): 265 – 268.

[89] Blosch M. Pragmatism and organizational knowledge management [J]. *Knowledge & Process Management*, 2001, 8 (1): 39 – 47.

[90] Bogers M. Knowledge sharing in open innovation: An overview of theoretical perspectives on collaborative innovation [J]. *Open Innovation in Firms and Public Administrations: Technologies for Value Creation*, 2012: 1 – 14.

[91] Bogers M. , West J. Managing distributed innovation: Strategic utilization of open and user innovation [J]. *Creativity and Innovation Management*, 2012, 21 (1): 61 – 75.

[92] Børing P. The relationship between training and innovation activities in enterprises [J]. *International Journal of Training and Development*, 2017, 21 (2): 113 – 129.

[93] Bresciani S. , Ferraris A. , Del Giudice M. The management of organizational ambidexterity through alliances in a new context of analysis: Internet of Things (IoT) smart city projects [J]. *Technological Forecasting and Social Change*, 2018, 136: 331 – 338.

[94] Brinch M. Understanding the value of big data in supply chain management and its business processes: Towards a conceptual framework [J]. *International Journal of Operations & Production Management*, 2018, 38 (7): 1589 – 1614.

[95] Bueren A. , Schierholz R. , Kolbe L. M. , et al. Improving performance of customer – processes with knowledge management [J]. *Business Process Management Journal*, 2005, 11 (5): 573 – 588.

[96] Campbell A. Creating customer knowledge: managing customer relationship management programs strategically [J]. *Industrial Marketing Management*, 2003, 32 (5): 375 – 383.

[97] Castaneda D. I. , Cuellar S. Knowledge sharing and innovation: A systematic review [J]. *Knowledge and Process Management*, 2020, 27 (3): 159 – 173.

[98] Cavanillas J. M. , Curry E. , Wahlster W. New horizons for a data-driven economy: A roadmap for usage and exploitation of big data in Europe [M]. Springer Nature, 2016.

[99] Cerchione R. , Esposito E. A Systematic Review of Supply Chain Knowledge Management Research: State of the Art and Research Opportunities [J]. *International*

*Journal of Production Economics*, 2016, 182: 276 – 292.

[100] Chang S. , Gong Y. , Way S. A. , et al. Flexibility-oriented HRM systems, absorptive capacity, and market responsiveness and firm innovativeness [J]. *Journal of Management*, 2013, 39 (7): 1924 – 1951.

[101] Chehbi – Gamoura S. , Derrouiche R. , Damand D. , et al. Insights from big Data Analytics in supply chain management: An all-inclusive literature review using the SCOR model [J]. *Production Planning & Control*, 2020, 31 (5): 355 – 382.

[102] Chen S. , Kang J. , Liu S. et al. Cognitive computing on unstructured data for customer co-innovation [J]. *European Journal of Marketing*, 2020, 54 (3): 570 – 593.

[103] Chen W. , Zhang X. , Peng C. , et al. Supply chain partnership, knowledge trading, and cooperative performance: an empirical study based on Chinese manufacturing enterprises [J]. *Journal of Cambridge Studies*, 2012, 7 (2): 129 – 149.

[104] Chierici R. , Mazzucchelli A. , Garcia – Perez A. , et al. Transforming big data into knowledge: the role of knowledge management practice [J]. *Management Decision*, 2019, 57 (8): 1902 – 1922.

[105] Christmann P. Effects of "Best Practices" of Environmental Management on Cost Advantage: The Role of Complementary Assets [J]. *Academy of Management Journal*, 2000, 43 (4): 663 – 680.

[106] Christopher M. , Peck H. Building the Resilient Supply Chain [J]. *International Journal of Logistics Management*, 2004, 15 (2): 1 – 13.

[107] Chuttur M. Y. Overview of the technology acceptance model: Origins, developments and future directions [J]. *Working Papers on Information Systems*, 2009, 9 (37): 9 – 37.

[108] Chu A. Z. C. , Chu R. J. C. The intranet's role in newcomer socialization in the hotel industry in Taiwan-technology acceptance model analysis [J]. *The International Journal of Human Resource Management*, 2011, 22 (5): 1163 – 1179.

[109] Cohen W. M. , Levinthal D. A. Absorptive Capacity: A new Perspective on Learning and Innovation [J]. *Administrative Science Quarterly*, 1990, 35 (1): 128 – 152.

[110] Columbus L. Ten Ways Big Data is Revolutionizing Supply Chain Management [R] .2015, https://www.forbes.com/sites/louiscolumbus/2015-07/13/ten-ways-big-data-is-Revolutionizing-supply-chain-management/#42be841569f5.

［111］Craighead C. W. , Hult G. T. M. , Ketchen Jr. D. J. The effects of innovation-cost strategy, knowledge, and action in the supply chain on firm performance ［J］. *Journal of Operations Management*, 2009, 27 (5): 405 – 421.

［112］Cudeck R. , Browne M. W. Comparative fit indexes in structural equation models ［J］. *Testing Structural Equation Models*: 1993: 1 – 9.

［113］Cui A. S. , Wu F. Utilizing customer knowledge in innovation: Antecedents and impact of customer involvement on new product performance ［J］. *Journal of the Academy of Marketing Science*, 2016, 44 (4): 516 – 538.

［114］Cukier K. The economist, data, data everywhere: A special report on managing information ［J］. February 25, 2010. Retrieved from http: //www. economist. com/node/15557443.

［115］Dahlander L. , Gann D. M. How open is innovation? ［J］. *Research Policy*, 2010, 39 (6): 699 – 709.

［116］Damanpour F. An integration of research findings of effects of firm size and market competition on product and process innovations ［J］. *British Journal of Management*, 2010, 21 (4): 996 – 1010.

［117］Davenport T. H. , Bean R. Big data and AI executive survey ［R］. New Vantage Partners (NVP), Technical Report, 2019.

［118］Davenport T. H. , Prusak L. Working knowledge: How organizations manage what they know ［M］. Harvard Business Press, 1998.

［119］Davenport T. H. , De Long D. W. , Beers M. C. Successful knowledge management projects ［J］. MIT Sloan Management Review, 1998, 39 (2): 43 – 48.

［120］Davis J. , Nussbaum D. , Troyanos K. Approach your data with a product mindset ［J］. Harvard Business Review, 2020.

［121］De Luca L. M. , Herhausen D. , Troilo G. , et al. How and when do big data investments pay off? The role of marketing affordances and service innovation ［J］. *Journal of the Academy of Marketing Science*, 2020, 48 (1): 15 – 35.

［122］Dekoulou P. , Trivellas P. Organizational structure, innovation performance, and customer relationship value in the Greek advertising and media industry ［J］. *Journal of Business & Industrial Marketing*, 2017, 32 (3): 385 – 397.

［123］Del Vecchio P. , Di Minin A. , Petruzzelli A. M. , et al. Big data for open innovation in SMEs and large corporations: Trends, opportunities, and challenges ［J］. *Creativity and Innovation Management*. 2018, 27 (1): 6 – 22.

［124］Del Vecchio P. , Mele G. , Ndou V. , et al. Open innovation and social big data for sustainability: Evidence from the tourism industry ［J］. *Sustainability* (*Switzerland*), 2018, 10 (9): 3215.

［125］Deloitte. Consumer connectivity: Creating customer-centric supply chains ［Z］. Retrieved from https://www2. deloitte. com/us/en/pages/operations/articles/customer-centric-supply-chain-data. html.

［126］Deloitte. Knowledge management: Creating context for a connected world ［Z］. Retrieved from https://www2. deloitte. com/us/en/insights/focus/human-capital-trends/2020/knowledge-management-strategy. html.

［127］Diebold F. X. A personal perspective on the origin (s) and development of "Big Data": The phenomenon, the term, and the discipline ［Z］. Scholarly Paper No. ID 2202843, Social Science Research Network. Retrieved from http://papers. ssrn. com/sol3/papers. cfm?abstractid = 2202843.

［128］Dixon N. M. Organizational learning: A review of the literature with implications for HRD professionals ［J］. Human Resource Development Quarterly, 1992, 3 (1): 29 - 49.

［129］Donalek C. , Djorgovski S. G. , Cioc A. , et al. Immersive and collaborative data visualization using virtual reality platforms ［C］. In 2014 IEEE International Conference on Big Data (Big Data). IEEE, 2014, October: 609 - 614.

［130］Dubey R. Big data analytics capability in supply chain agility: The moderating effect of organizational flexibility ［J］. Management Decision, 2019, 57 (8): 2092 - 2112.

［131］Dubey R. , Gunasekaran A. , Childe S. J. , et al. Big data and predictive analytics and manufacturing performance: Integrating institutional theory, resource-based view and big data culture ［J］. British Journal of Management, 2019, 30 (2): 341 - 361.

［132］Dyer H. J. , Nobeok K. Creating and managing a high-performance knowledge-sharing network: The Toyota case ［J］. Strategic Management Journal, 2000, 21 (3): 345 - 367.

［133］Dyer J. H. , Hatch N. W. Using supplier networks to learn faster ［J］. MIT Sloan Management Review, 2004, 45 (3): 57 - 63.

［134］Emerson R. M. Exchange theory, part I: A psychological basis for social exchange. In J. Berger, M. Zelditch, B. Anderson (Eds. ). Sociological theories in progress ［C］. Houghton Mifflin, 1972a (2): 38 – 57.

［135］Emerson R. M. Exchange theory, part Ⅱ: Exchange relations and network structures. In J. Berger, M. Zelditch, B. Anderson (Eds.). Sociological theories in progress ［C］ Houghton Mifflin, 1972b (2): 58 – 87.

［136］Erevelles S. , Fukawa N. , Swayne L. Big data consumer analytics and the transformation of marketing ［J］. *Journal of Business Research*, 2016, 69 (2): 897 – 904.

［137］Ferraris A. , Belyaeva Z. , Bresciani S. The role of universities in the Smart City innovation: Multistakeholder integration and engagement perspectives ［J］. *Journal of Business Research*, 2020 (119): 163 – 171.

［138］Ferraris A. , Mazzoleni A. , Devalle A. , et al. Big data analytics capabilities and knowledge management: Impact on firm performance ［J］. *Management Decision*, 2019, 57 (8): 1923 – 1936.

［139］Fey C. F. , Furu P. Top management incentive compensation and knowledge sharing in multinational corporations ［J］. *Strategic Management Journal*, 2008, 29 (12): 1301 – 1323.

［140］Gandhi S. Knowledge management and reference services ［J］. *The Journal of Academic Librarianship*, 2004, 30 (5): 368 – 381.

［141］Gandomi A. , Haider M. Beyond the hype: Big data concepts, methods, and analytics ［J］. *International Journal of Information Management*, 2015, 35 (2): 137 – 144.

［142］Gantz J. , Reinsel D. Extracting value from chaos ［J］. *IDC iView*, 2011, 1142 (2011): 1 – 12.

［143］Gebert H. , Geib M. , Kolbe L. , et al. Knowledge-enabled customer relationship management: Integrating customer relationship management and Knowledge Management concepts ［J］. *Journal of Knowledge Management*, 2003, 7 (5): 107 – 123.

［144］Gerald R. Customer-oriented improvement and evaluation of supply chain processes supported by simulation models ［J］. *International Journal of Production Economics*, 2005, 96 (3): 381 – 395.

［145］Gibbert M. , Leibold M. , Probst G. Five styles of customer knowledge management, and how smart companies use them to create value ［J］. *European Management Journal*, 2002, 20 (5): 459 – 469.

［146］Gour P. , Singh R. J. , Sohani N. Interpretive structural modeling of information sharing barriers in Indian manufacturing firms ［J］. *Journal of Supply Chain Management Systems*, 2013, 2 (3): 26.

［147］Grant R. M. Toward a knowledge-based theory of the firm ［J］. *Strategic Management Journal*, 1996, 17 (S2): 109 – 122.

［148］Grimes S. Unstructured Data and the 80 Percent Rule ［R］. 2011, Retrieved from http: //clarabridge. com/default. aspx?tabid = 137&ModuleID = 635&ArticleID = 551.

［149］Gunasekaran A. , Ngai E. W. T. Build-to-order supply chain management: A literature review and framework for development ［J］. *Journal of Operations Management*, 2005, 23 (5): 423 – 451.

［150］Gupta A. K. , Govindarajan V. Knowledge flows within multinational corporations ［J］. *Strategic Management Journal*, 2000, 21 (4): 473 – 496.

［151］Gupta M. , George J. F. Toward the development of a big data analytics capability ［J］. *Information & Management*, 2016, 53 (8): 1049 – 1064.

［152］Hair Jr. J. F. , Black W. C. , Babin B. J. , et al. Multivariate data analysis ［M］. Multivariate Data Analysis, 2010: 785.

［153］Hair J. , Black W. , Babin B. , et al. Multivariate data analysis ［M］. Prentice Hall, 2009.

［154］Håkansson H. , Ford D. How should companies interact in business networks? ［J］. *Journal of Business Research*, 2002, 55 (2): 133 – 139.

［155］Harris J. Information is forever in formation, knowledge is in the knower: Global connectivity in K – 12 classrooms ［J］. *Computer in the Schools*, 1996, 12 (1/ 2): 11 – 22.

［156］Hart O. , Moore J. Property Rights and the Nature of the Firm ［J］. *Journal of Political Economy*, 1990, 98 (6): 1119 – 1158.

［157］Hassna G. , Lowry P. B. Big data facilitation, utilization, and monetization: Exploring the 3Vs in a new product development process ［C］. Proceedings of the 24th Annual Americas Conference on Information Systems (AMCIS 2018), New Orleans, 2018, August: 16 – 18.

［158］Herrmann S. , Rogers H. , Gebhard M. , et al. Co-creating value in the automotive supply chain: An RFID application for processing finished vehicles ［J］. *Production Planning & Control*, 2015, 26 (12): 981 – 993.

［159］Hill R. A. , Dunbar R. I. Social network size in humans ［J］. *Human* nature, 2003, 14 (1): 53 –72.

[160] Hippel V. E. , Urban G. L. Lead user analysis for the development of new industrial products [J]. *Management Science*, 1998 (34): 569 –582.

[161] Homans G. C. Social behavior: Its elementary forms [M]. Harcourt, Brace , 1961.

[162] Hopkins M. S. , Lavalle S. , Balboni F. The new intelligent enterprise: 10 insights: A first look at the new intelligent enterprise survey [J]. MIT Sloan Management Review, 2010, 52 (1): 22.

[163] Hu H. , Wen Y. , Chua T. S. , et al. Toward scalable systems for big data analytics: A technology tutorial [J]. *IEEE Access*, 2014 (2): 652 –687.

[164] Hult G. T. M. Toward a theory of the boundary-spanning marketing organization and insights from 31 organization theories [J]. *Journal of the Academy of Marketing Science*, 2011, 39 (4): 509 –536.

[165] Huo B. , Haq M. Z. U. , Gu M. The impact of information sharing on supply chain learning and flexibility performance [J]. *International Journal of Production Research*, 2021, 59 (5): 1411 –1434.

[166] Huo B. , Haq M. Z. U. , Gu M. The impact of IT application on supply chain learning and service performance [J]. *Industrial Management & Data Systems*, 2020, 120 (1): 1 –20.

[167] Inkpen A. C. , Tsang E. W. K. Social capital, networks, and knowledge transfer [J]. *Academy of Management Review*, 2005, 30 (1): 146 –165.

[168] Jayashankar P. , Johnston W. J. , Nilakanta S. , et al. Co-creation of value-in-use through big data technology-a B2B agricultural perspective [J]. *Journal of Business & Industrial Marketing*, 2020, 35 (3): 508 –523.

[169] Johnson J. S. , Friend S. B. , Lee H. S. Big data facilitation, utilization, and monetization: Exploring the 3Vs in a new product development process [J]. *Journal of Product Innovation Management*, 2017, 34 (5): 640 –658.

[170] Jokubauskienė R. , Vaitkienė R. Mechanisms of customer knowledge integration in the open innovation process: Healthėtech case [J]. *Measuring Business Excellence*, 2019, 23 (2): 136 –148.

[171] Khan M. Challenges with big data analytics in service supply chains in the UAE [J]. *Management Decision*, 2019, 57 (8): 2124 –2147.

[172] Khan Z. , Vorley T. Big data text analytics: An enabler of knowledge

management [J]. *Journal of Knowledge Management*, 2017, 21 (1): 18 – 34.

[173] Kogut B., Zander U. Knowledge of the firm, combinative capabilities, and the replication of technology [J]. *Organization Science*, 1992, 3 (3): 383 – 397.

[174] Kostis P. C., Nussbaum D., Troyanos K. Approach your data with a product mindset [Z]. Harvard Business Review, 2020, Retrieved from https: // hbr. org/2020/05/approach – your-data-with-a-product-mindset.

[175] Kunegis J. Konect: The koblenz network collection [C]. In Proceedings of the 22nd international conference on world wide web (2013, May), 2013: 1343 – 1350.

[176] Kunz W., Aksoy L., Bart Y., et al. Customer engagement in a big data world [J]. *Journal of Services Marketing*, 2017, 31 (2): 161 – 171.

[177] Lamba K., Singh S. P. Big data in operations and supply chain management: Current trends and future perspectives [J]. *Production Planning & Control*, 2017, 28 (11 – 12): 877 – 890.

[178] Lamba K., Singh S. P. Modeling big data enablers for operations and supply chain management [J]. The International Journal of Logistics Management, 2018, 29 (2): 629 – 658.

[179] Le Dinh T., Phan T. C., Bui T., et al. Towards a Service – Oriented architecture for knowledge management in big data era [J]. *International Journal of Intelligent Information Technologies* (IJIIT), 2018, 14 (4): 24 – 38.

[180] Lee R., Lee J. H., Garrett T. C. Synergy effects of innovation on firm performance [J]. *Journal of Business Research*, 2019 (99): 507 – 515.

[181] Lee S. M., Olson D. L., Trimi S. Co-innovation: Convergenomics, collaboration, and co-creation for organizational values [J]. *Management Decision*, 2012, 50 (5): 817 – 831.

[182] Lehrer C., Wieneke A., Vom Brocke J., et al. How big data analytics enables service innovation: Materiality, affordance, and the individualization of service [J]. *Journal of Management Information Systems*, 2018, 35 (2): 424 – 460.

[183] Lewin A. Y., Massini S., Peeters C. Microfoundations of internal and external absorptive capacity routines [J]. *Organization Science*, 2011, 22 (1): 81 – 98.

[184] Li G. The impact of supply chain relationship quality on knowledge sharing and innovation performance: Evidence from Chinese manufacturing industry [J]. *Jour-*

nal of Business & Industrial Marketing, 2021, 36 (5): 834 – 848.

[185] Li G. The impact of supply chain relationship quality on knowledge sharing and innovation performance: Evidence from Chinese manufacturing industry [J]. *Journal of Business & Industrial Marketing*, 2021, 36 (5): 834 – 848.

[186] Li T. , Calanton R. The impact of market knowledge competence on new product advantage: Conceptualization and empirical examination [J]. *Journal of Marketing*, 1998, 62 (10): 13 – 29.

[187] Liang C. C. , Liang W. Y. , Tseng T. L. Evaluation of intelligent agents in consumer-to-business e-commerce [J]. *Computer Standards & Interfaces*, 2019 (65): 122 – 131.

[188] Liu Z. , Shang J. , Lai M. Incentive mechanism for knowledge sharing in e-commerce service supply chain: Complementarity, integration and risk attitude [J]. *Journal of Electronic Commerce Research*, 2015, 16 (3): 175.

[189] Lozada N. , Erez A. P. , Perdomo – Charry G. Big data analytics capability and co-innovation: An empirical study [J]. *Heliyon*, 2019, 5 (10): 1 – 7.

[190] Luo T. , Qu J. Factors Influencing Customers' Purchase Intention under C2B Model [C]. In 2018 4th International Conference on Humanities and Social Science Research (ICHSSR 2018), Atlantis Press. 2018 (5): 394 – 398.

[191] Lüthje H. , Hippel V. E. , Urban G. L. Lead user analysis for the development of new industrial products [J]. *Management Science*, 1998, 34 (1): 569 – 582.

[192] Maheshwari S. , Gautam P. , Jaggi C. K. Role of big data analytics in supply chain management: Current trends and future perspectives [J]. *International Journal of Production Research*, 2020, 59 (6): 1875 – 1900.

[193] Manyika J. , Chui M. , Brown B. , et al. Big data: The next frontier for innovation, competition, and productivity [R]. McKinsey Global Institute, 2011.

[194] Markovsky B. , Willer D. , Patton T. Power relations in exchange networks [J]. *American Sociological Review*, 1988, 53 (2): 220 – 236.

[195] Mayer – Schönberger V. , Cukier K. Big Data: A revolution that will transform how we live, work, and think [M]. New York: Houghton Mifflin Harcourt, 2013.

[196] McAfee A. , Brynjolfsson E. Big data: The management revolution [J]. *Harvard Business Review*, 2012, 90 (10): 60 – 66, 68, 128.

[197] Meng X. Assessment framework for construction supply chain relationships: Development and evaluation [J]. *International Journal of Project Management*, 2010, 28 (7): 695 –707.

[198] Migdadi M. M. Knowledge management, customer relationship management and innovation capabilities [J]. *Journal of Business & Industrial Marketing*, 2021, 36 (1): 111 –124.

[199] Mikalef P., Pappas I. O., Krogstie J., et al. Big data analytics capabilities: A systematic literature review and research agenda [J]. *Information Systems and E – Business Management*, 2018, 16 (3): 547 –578.

[200] Milgrom P., Holmstrom B. The firm as incentive system [J]. *American Economic Review*, 1994, 84 (4): 972 –991.

[201] Milgrom P., Holmstrom B. Multitask principal-agent analyses: Incentive contracts, asset ownership, and job design [J]. *Journal of Law Economics and Organization*, 1991, 7 (Special Issue): 24 –52.

[202] Mishra D., Gunasekaran A., Childe S. J., et al. Vision, applications and future challenges of Internet of Things: A bibliometric study of the recent literature [J]. *Industrial Management & Data Systems*, 2016b, 116 (7): 1331 –1355.

[203] Mishra D., Gunasekaran A., Papadopoulos T., et al. Big data and supply chain management: A review and bibliometric analysis [J]. *Annals of Operations Research*, 2016a, 270 (1 –2): 313 –336.

[204] Moody J. Network Exchange Theory (review) [J]. *Social Forces*, 2001, 80 (1): 356.

[205] Morris T. 4. The Big Kahuna [M] //Cut It Out. New York University Press, 2013: 111 –134.

[206] Mossholder K. W., Bennett N., Kemery E. R., et al. Relationships between bases of power and work reactions: The mediational role of procedural justice [J]. *Journal of Management*, 1998, 24 (4): 533 –552.

[207] Mowery D. C., Oxley J. E., Silverman B. S. Strategic alliances and interfirm knowledge transfer [J]. *Strategic Management Journal*, 1996, 17 (special): 77 –91.

[208] Murillo M. G., Annabi H. Customer knowledge management [J]. *Journal of the Operational Research Society*, 2002, 53 (8): 875 –884.

[209] Murray K. S. KI: A tool for knowledge integration [C]. In Proceedings

of the Thirteenth National Conference on Artificial Intelligence, 1996, August, Volume1: 835 – 842.

[210] Narwane V. S. , Raut R. D. , Yadav V. S. , et al. The role of big data for Supply Chain 4. 0 in manufacturing organizations of developing countries [J]. *Journal of Enterprise Information Management*, 2021, 34 (5): 1452 – 1480.

[211] Navimipour N. J. , Charband Y. Knowledge sharing mechanisms and techniques in project teams: Literature review, classification, and current trends [J]. *Computers in Human Behavior*, 2016 (62): 730 – 742.

[212] Neslin S. A. , Shankar V. Key issues in multichannel customer management: Current knowledge and future directions [J]. *Journal of Interactive Marketing*, 2009, 23 (1): 70 – 81.

[213] Nonaka I. A dynamic theory of organizational knowledge creation [J]. *Organization Science*, 1994, 5 (1): 14 – 37.

[214] Nonaka I. The knowledge-creating company [J]. *Harvard Business Review*, 1991, 85 (7/8): 162 – 171.

[215] Nonaka I. , Nishiguchi T. Knowledge creation: A source of value [M]. London: MacMillan Press, 2000.

[216] Nonaka I. , Takeuchi H. The knowledge-creating company: How Japanese companies create the dynamics of innovations [M]. New York: Oxford University Press, 1995.

[217] Obitade P. O. Big data analytics: A link between knowledge management capabilities and superior cyber protection [J]. *Journal of Big Data*, 2019, 6 (1): 1 – 28.

[218] Onofrei G. , Nguyen H. M. , Zhang M. , et al. Building supply chain relational capital: The impact of supplier and customer leveraging on innovation performance [J]. *Business Strategy and the Environment*, 2020, 29 (8): 3422 – 3434.

[219] Paula D. C. F. , Jabbour C. J. C. Information systems and sustainable supply chain management towards a more sustainable society: Where we are and where we are going [J]. *International Journal of Information Management*, 2017, 37 (4): 241 – 249.

[220] Phelps C. , Heidl R. , Wadhwa A. Knowledge, networks, and knowledge networks: A review and research agenda [J]. *Journal of Management*, 2012, 38 (4): 1115 – 1166.

［221］Polanyi M. The tacit dimension ［M］. London：Routledge & Kegan Paul, 1966.

［222］Polyviou M. , Croxton K. L. , Knemeyer A. M. Resilience of medium-sized firms to supply chain disruptions：The role of internal social capital ［J］. *International Journal of Operations & Production Management*, 2020, 40 (1)：68 – 91.

［223］Qiao Z. , Wang A. , Zhou M. , et al. The impact of customer reviews on product innovation：Empirical evidence in mobile apps ［J］. *Analytics and Data Science*, 2018：95 – 110.

［224］Randhawa K. , Wilden R. , Hohberger J. A bibliometric review of open innovation：Setting a research agenda ［J］. *The Journal of Product Innovation Management*, 2016, 33 (6)：750 – 772.

［225］Regards W. Building customer-centric supply chains in a digital era ［J］. *MHD Supply Chain Solutions*, 2018 (1)：48.

［226］Rogers E. M. Diffusion of Innovations ［M］. New York：Free Press of Glencoe, 1962.

［227］Rogers E. M. Singhal A. , Quinlan M. M. Diffusion of innovations ［M］//An integrated approach to communication theory and research. Routledge, 2014：432 – 448.

［228］Rowley J. E. Reflections on customer knowledge management in e-business ［J］. *Qualitative Market Research*, 2002, 5 (4)：268 – 280.

［229］Russom P. The Three Vs of Big Data Analytics ［Z］. TDWI, 2011, http： // tdwi. org/blogs/philiprussom/2011/06/three-vs-of-big-data-analytics-3-data-velocity. aspx.

［230］Samaddar S. , Kadiyala S. S. An analysis of interorganizational resource sharing decisions in collaborative knowledge creation ［J］. *European Journal of Operational Research*, 2006, 170 (1)：192 – 210.

［231］Sanders N. R. Big Data Driven Supply Chain Management：A Framework for Implementing Analytics and Turning Information Into Intelligence ［M］. Pearson FT Press, 2014.

［232］Santoro G. , Vrontis D. , Thrassou A. , et al. The Internet of Things：Building a knowledge management system for open innovation and knowledge management capacity ［J］. *Technological Forecasting and Social Change*, 2018 (136)：347 – 354.

[233] Scuotto V. , Santoro G. , Bresciani S. , et al. Shifting intra-and inter-organizational innovation processes towards digital business: An empirical analysis of SMEs [J]. *Creativity and Innovation Management*, 2017, 26 (3): 247 – 255.

[234] Shen N. Incentive mechanism on customer knowledge collaborative acquisition with relational contract under double-sided moral hazard in big data context [J]. *Cluster Computing*, 2019, 22 (4): 7925 – 7932.

[235] Sihvonen A. , Luoma J. , Falk T. How customer knowledge affects exploration: Generating, guiding, and gatekeeping [J]. *Industrial Marketing Management*, 2021 (94): 90 – 105.

[236] Singh J. , Raghuram D. J. Evolution of supply chain management with emerging technologies [J]. *International Journal of Mechanical Engineering and Technology*, 2017, 8 (1): 235 – 240.

[237] Singh S. K. , Del Giudice M. Big data analytics, dynamic capabilities, and firm performance [J]. *Management Decision*, 2019, 57 (8): 1729 – 1733.

[238] Song M. , Van Der Bij H. , Weggeman M. Determinants of the level of knowledge application: A knowledge-based and information processing perspective [J]. *Journal of Product Innovation Management*, 2005, 22 (5): 430 – 444.

[239] Spence A. M. Job market signaling [J]. *The Quarterly Journal of Economics*, 1973, 87 (3): 355 – 374.

[240] Spender J. C. Organizational knowledge, learning and memory: Three concepts in search of a theory [J]. *Journal of Organizational Change Management*, 1996, 9 (1): 63 – 78.

[241] Srivastava M. K. Coordination mechanisms for supply chain: A review [J]. *Journal of Supply Chain Management System*, 2017, 6 (4): 22 – 32.

[242] Stiglitz J. E. Information and the change in the paradigm in economics [J]. *The American Economic Review*, 2002, 92 (3): 460 – 501.

[243] Stiglitz J. E. , Weiss A. Credit rationing in markets with imperfect information [J]. *The American Economic Review*, 1981, 71 (3): 393 – 410.

[244] Suh T. , Jung J. C. , Zank G. M. , et al. Twofold relationship dynamics of supplier's knowledge sharing [J]. *Journal of Business & Industrial Marketing*, 2019, 34 (4): 862 – 874.

[245] Szeto E. Innovation capacity: Working towards a mechanism for improving innovation within an inter-organizational network [J]. *The TQM Magazine*, 2000, 12

（2）：149 –158.

[246] Szulanski G. Exploring internal stickiness: Impediments to the transfer of best practice within the firm [J]. *Strategic Management Journal*, 1996, 17 (S2): 27 –43.

[247] Taghizadeh S. K., Rahman S. A., Hossain M. M. Knowledge from customer, for customer, or about customer: Which triggers innovation capability the most? [J]. *Journal of Knowledge Management*, 2018, 22 (1): 162 –182.

[248] Taherparvar N., Esmaeilpour R., Dostar M. Customer knowledge management, innovation capability and business performance: A case study of the banking industry [J]. *Journal of Knowledge Management*, 2014, 18 (3): 591 –610.

[249] Tell J., Hoveskog M., Ulvenblad P., et al. Business model innovation in the agri-food sector: A literature review [J]. *British Food Journal*, 2016, 118 (6): 1462 –1476.

[250] Tell F., Berggren C., Brusoni S., et al. Managing knowledge integration across boundaries [M]. Oxford University Press, 2016.

[251] Tiwana A. The essential guide to knowledge management: E – business and CRM applications [M]. London: Prentice Hall Press, 2001.

[252] Tranekjer T. L. Open innovation: Effects from external knowledge sources on abandoned innovation projects [J]. *Business Process Management Journal*, 2017, 23 (5): 918 –935.

[253] Troisi O., D'Arco M., Loia F., et al. Big data management: The case of Mulino Bianco's engagement platform for value co-creation [J]. *International Journal of Engineering Business Management*, 2018 (10): 1 –8.

[254] Tsanos C. S., Zografos K. G. The effects of behavioural supply chain relationship antecedents on integration and performance [J]. *Supply Chain Management: An International Journal*, 2016, 21 (6): 678 –693.

[255] Tukamuhabwa B., Stevenson M., Busby J. Supply chain resilience in a developing country context: A case study on the interconnectedness of threats, strategies, and outcomes [J]. *Supply Chain Management: An International Journal*, 2017, 22 (6): 486 –505.

[256] Von Hippel E. A. Free innovation [M]. MIT Press, 2016.

[257] Wamba S. F., Akter S. Big data analytics for supply chain management: A literature review and research agenda [Z]. In J. Barjis, R. Pergl, E. Babkin (Eds.). Enterprise and Organizational Modeling and Simulation [M]. Springer Interna-

tional Publishing, 2015 (231): 61 –72.

[258] Wang C. , Hu Q. Knowledge sharing in supply chain networks: Effects of collaborative innovation activities and capability on innovation performance [J]. *Technovation*, 2020 (94): 102010.

[259] Wang L. , Li J. , Huang S. – Q. The asymmetric effects of local and global network ties on firms' innovation performance [J]. *Journal of Business & Industrial Marketing*, 2018, 33 (3): 377 –389.

[260] Wang S. , Noe R. A. Knowledge sharing: A review and directions for future research [J]. *Human Resource Management Review*, 2010, 20 (2): 115 –131.

[261] Wayland R. E. , Cole P. C. Customer connections: New strategies for growth [M]. Harvard Business School Press, 1997.

[262] Wernerfelt B. A resource-based view of the firm [J]. *Strategic Management Journal*, 1984, 5 (2): 171 –180.

[263] White M. Digital workplaces vision and reality [J]. *Business Information Review*, 2012, 29 (4): 205 –214.

[264] Willer D. (Ed. ). Network exchange theory [M]. Greenwood Publishing Group, 1999.

[265] Willis G. , Genchev S. E. , Chen H. Supply chain learning, integration, and flexibility performance: An empirical study in India [J]. *International Journal of Logistics Management*, 2016, 27 (3): 755 –769.

[266] Wulf A. , Butel L. Knowledge sharing and innovative corporate strategies in collaborative relationships: The potential of open strategy in business ecosystems [Z]. In International Conference on Decision Support System, Technology Springer International Publishing, 2016: 165 –181.

[267] Xie W. , Zhang Q. , Lin Y. , et al. The Effect of Big Data Capability on Organizational Innovation: A Resource Orchestration Perspective [J]. *Journal of the Knowledge Economy*, 2023: 1 –25.

[268] Xie X. , Fang L. , Zeng S. Collaborative innovation network and knowledge transfer performance: A fsQCA approach [J]. *Journal of Business Research*, 2016, 69 (11): 5210 –5215.

[269] Yang Y. , Jia F. , Xu Z. Towards an integrated conceptual model of supply chain learning: An extended resource-based view [J]. *Supply Chain Management: An International Journal*, 2019, 24 (2): 189 –214.

[270] Zacharia Z. G., Sanders N. R., Nix N. W. The emerging role of the third-party logistics provider (3PL) as an orchestrator [J]. *Journal of business logistics*, 2011, 32 (1): 40 – 54.

[271] Zack M. H. Managing codified knowledge [J]. *Sloan Management Review*, 1999, 40 (4): 45 – 58.

[272] Zahra S. A., George G. Absorptive capacity: A review, reconceptualization, and extension [J]. *Academy of Management Review*, 2002, 27 (2): 185 – 203.

[273] Zeng J., Glaister K. W. Value creation from big data: Looking inside the black box [J]. *Strategic Organization*, 2018, 16 (2): 105 – 140.

# 附　录

## 附录一：访谈提纲

1. 您对"大数据"一词的理解是什么？

2. 您是否了解公司的大数据政策或措施？

3. 您所在企业是怎样收集客户数据的？包括哪些类型的数据？

4. 客户数据采集后是怎样处理的，什么人来进行处理，用什么技术和方法进行处理？

5. 客户数据处理后如何管理和利用？哪些人或部门参与，以什么形式参与？谁起到了重要作用？

6. 您认为大数据分析在企业应用的好处是什么？可以用例子说明吗？

7. 客户数据与其他数据是否结合起来分析，通过什么技术或工具结合？

8. 与客户、数据及供应链成员相关的岗位、职位、人员有哪些？

9. 公司建立了哪些团队或组织、流程、结构等匹配客户数据管理和利用？

10. 员工如何访问和获得需要的数据？员工之间是否经常分享数据或信息？

11. 客户数据的利用是否给企业带来创新？有哪些创新，技术创新、产品创新、流程创新、服务创新？（客户偏好、行为和反馈如何影响产品设计、库存管理和分销策略等；客户数据对供应链决策、产品开发和运营效率的影响）

12. 公司是如何利用其他大数据进行创新的？有哪些典型例子？

13. 公司用了哪些技术进行创新？为什么选择这些技术？

14. 哪些部分有可视化功能？人员如何应用？（从技术上讲，业务流程管理工具与显示在制品状态的仪表板相结合，需要具有实时可视化功能）（例如，沃尔玛通过其物流跟踪系统为其员工和供应商提供整个工作流程的可视化，这使他们能够监控产品从供应商仓库转移到沃尔玛商店并进入客户购物车的过程）

15. 已经/正在使用哪些数据源？是否使用传统数据源（如 ERP、CRM 或其他信息系统）？

16. 什么是最有价值的数据源，为什么？

17. 如何确保对相关数据源的技术连接（例如，5G用于产品数据流）？

18. 客户数据或其他大数据如何形成供应链决策？过程是怎样的？

19. 如何将发现或结果传递给内部或外部客户（例如，通过分析服务或一次性项目/计划或建议、倡议等提供）？还有其他什么方式方法或途径？

20. 公司客户数据利用对供应商、销售商和客户有什么影响？

21. 公司是否与他们有数据方面的合作？如何合作？

22. 公司是否与外部客户数据分析服务提供商合作？外部服务提供商起到什么作用？

23. 公司是否有数据驱动文化？员工是否认可？有哪些典型可识别的特征？

24. 公司利用大数据面临哪些障碍或问题？

# 附录二：调查问卷

## 大数据驱动的 C2B 供应链客户知识融合创新问卷调查

尊敬的女士/先生：

您好！非常感谢您能百忙之中抽时间填写本问卷。

本问卷是一份学术性研究问卷，旨在探讨大数据对 C2B 供应链企业创新的影响，特别需要您在企业的实践检验与指导，希望得到您的大力支持。您的回答对我们至关重要，请您根据企业的真实情况回答，我们将对调查的原始数据进行严格保密。本问卷采用匿名的方式填写，所获信息仅用于科学研究依据，文中所有题项的答案没有对错之分，请不要有任何顾虑。非常感谢您的大力支持！

词汇说明：

一般来说，企业展开了数字化业务，或进行了数字化改造均具有大数据的应用。

大数据概念：是超出了传统数据管理工具有效获取、存储、管理和处理能力的庞大而复杂的数据集，它具有数量大、类型多和速率高、价值性、可变性和真实性的特征。日常体现为大量的、多来源的电子表格、数据库表、文本、图片、音频、视频、E-mail、因特网上可扩展标记语言（XML）、电子数据交换 EDI、其他实时产生的数据（如网络实时数据、机器设备产生的实时数据）等的综合体。

### 第一部分：C2B供应链中大数据能力
**（1~5分别表示非常不符合、有点不符合、一般、有点符合、非常符合）**

1. 以下选项在多大程度上符合我们大数据方面的投资水平（矩阵量表题）

| | 1 | 2 | 3 | 4 | 5 |
|---|---|---|---|---|---|
| 相对于我们的预算，我们在大数据项目上投入了大量资金 | ○ | ○ | ○ | ○ | ○ |
| 在资源分配方面，大数据是一个优先事项 | ○ | ○ | ○ | ○ | ○ |
| 我们招聘了很多新员工来处理大数据 | ○ | ○ | ○ | ○ | ○ |
| 我们拥有较多大数据相关专业技术人才 | ○ | ○ | ○ | ○ | ○ |

2. 以下选项在多大程度上符合公司大数据获取与分析能力水平（矩阵量表题）

| | 1 | 2 | 3 | 4 | 5 |
|---|---|---|---|---|---|
| 我们能够持续、实时地获取企业内部多个来源的各种非结构化或高度动态的数据 | ○ | ○ | ○ | ○ | ○ |
| 我们能够持续、实时地获取企业外部多个来源的各种非结构化或高度动态的数据 | ○ | ○ | ○ | ○ | ○ |
| 我们能够利用大数据分析软件在公司内跨多个平台或部门调用数据 | ○ | ○ | ○ | ○ | ○ |
| 我们能够将内部数据和外部数据整合到一起分析 | ○ | ○ | ○ | ○ | ○ |
| 我们能够对海量数据进行处理，并提取有价值的信息 | ○ | ○ | ○ | ○ | ○ |

### 第二部分：C2B供应链中组织学习与信息知识共享
**（1~5分别表示非常不符合、有点不符合、一般、有点符合、非常符合）**

3. 请说明您和您的主要客户之间学习实践的程度（矩阵量表题）

| | 1 | 2 | 3 | 4 | 5 |
|---|---|---|---|---|---|
| 我们公司从我们的大客户那里获得了大量的生产信息 | ○ | ○ | ○ | ○ | ○ |

| | 1 | 2 | 3 | 4 | 5 |
|---|---|---|---|---|---|
| 我们的大客户为我们提供了产品创新的关键信息 | ○ | ○ | ○ | ○ | ○ |
| 作为产品开发的一部分，我们公司从我们的大客户那里学到了很多东西 | ○ | ○ | ○ | ○ | ○ |
| 我们公司将从我们的主要客户那里学到的知识应用到新技术的应用中 | ○ | ○ | ○ | ○ | ○ |
| 我们公司有系统的检查，以确保我们的主要客户的知识得到利用 | ○ | ○ | ○ | ○ | ○ |

## 4. 请说明公司内部学习实践的程度（矩阵量表题）

| | 1 | 2 | 3 | 4 | 5 |
|---|---|---|---|---|---|
| 内部部门之间相互交流大量产品信息 | ○ | ○ | ○ | ○ | ○ |
| 内部部门之间相互交流大量创新信息 | ○ | ○ | ○ | ○ | ○ |
| 内部部门之间相互学习很多有用的东西 | ○ | ○ | ○ | ○ | ○ |
| 内部部门之间的知识交流促进新技术的应用 | ○ | ○ | ○ | ○ | ○ |
| 内部部门会评估他们是否应用了来自其他职能的产品知识 | ○ | ○ | ○ | ○ | ○ |

## 第三部分：C2B 供应链公司创新绩效
## （1～5 分别表示非常不符合、有点不符合、一般、有点符合、非常符合）

### 5. 产品创新（矩阵量表题）

| | 1 | 2 | 3 | 4 | 5 |
|---|---|---|---|---|---|
| 与市场上的同类产品相比，我们开发了更高程度的新产品 | ○ | ○ | ○ | ○ | ○ |
| 我们产品的技术竞争优势是显而易见的（例如专利或技术秘密） | ○ | ○ | ○ | ○ | ○ |
| 我们开发的产品可以快速开拓新市场 | ○ | ○ | ○ | ○ | ○ |
| 我们产品的市场份额高于先前预期 | ○ | ○ | ○ | ○ | ○ |
| 客户对我们开发的产品非常满意 | ○ | ○ | ○ | ○ | ○ |

## 第四部分：基本信息

6. 企业所属行业是（单选题）

○电子制造业

○机械制造业

○软件和信息技术服务业

○零售批发流通业

○金融

○住宿餐饮业

○轻纺工业

○资源加工工业

○汽车房地产

○信息和通信设备

○钢铁

○其他，请填写行业

7. 企业产权属性是（单选题）

○国有独资或控股

○民营企业

○外商独资或控股股份制企业

○其他

8. 企业成立年数（单选题）

○1 年及以下

○1～3 年（含 3 年）

○3～5 年（含 5 年）

○5～10 年（含 10 年）

○10～15 年（含 15 年）

○15～20 年（含 20 年）

○20 年以上

9. 员工数量（单选题）

○200 人及以下

○200～500 人（含 500 人）

○500～1000 人（含 1000 人）

○1000～3000 人（含 3000 人）

○3000～5000 人（含 5000 人）

○5000～10000 人（含 10000 人）

○10000 人以上

10. 近三年企业平均营业额（元）（单选题）

○1000 万元及以下

○1000 万～3000 万元

○3000 万～1 亿元

○1 亿～3 亿元

○3 亿～10 亿元

○10 亿～20 亿元

○20 亿元以上

11. 您在本企业的职务属于（单选题）

○普通员工

○基层管理者

○中层管理者

○高层管理者

12. 您所在的部门是（单选题）

○行政管理部

○制造生产部

○市场营销与销售部

○财务部

○研发设计部

○客户服务部

○人事部

○其他